パパのトリセツ

おおたとしまさ
TOSHIMASA OTA

Discover
ディスカヴァー

はじめに　面倒くさくてゴメンナサイ

この本を手に取ってくださったママのみなさま、今日も仕事に、家事に、育児にお疲れさまです！

そのうえ大っきな子ども「パパ」のお世話まで……。

全国のパパを勝手に代表して、この場を借りてお礼を申し上げます！

この本では、「どうすれば夫がいわゆる『イクメン』になってくれるか」と考えるママたちのために、パパという生き物を便利な「高性能全自動育児ロボット」（パパロボット）にたとえて、そのしくみや上手な扱い方を説明します。

ただし、「パパロボット」は、全自動洗濯機やお掃除ロボットのように、必ずしも命令どおりには動いてくれません。そもそも、起動させるだけでも手間と時間がかかります。

それどころか、ようやく自発的に動き出したかと思ったら、勝手なことをやりはじめたり、ママに反論したりします。まったくやっかいな代物です。

面倒くさくてゴメンナサイ……。

でも、取扱説明書といっても、ただでさえ子育てで忙しいママに、手取り足取りパパを「操縦」してほしいというわけではありません。

想像してみてください。ママがいちいち指図しなくても、パパが自分で考えて判断して、ママや子どものためになることを自ら進んでやってくれる姿を。

みなさんのおうちにいるパパにそうなってもらうことが本書の目的です。

さっさとパパを、自分で考えて判断して行動できる「自律型ロボット」に「育成」して、「ママ自身の負担を減らしましょう！」ということです。

パパを、「できの悪い長男」だと思って育ててほしいのです。

このトリセツは、ワーキングマザーにも専業主婦のママにもお読みいただけるように書いています。

いかにも「ママが子育ての主役」のような前提で書かれている箇所も多々ありますが、そういう価値観を前提にしているわけではありません。そういう状況にあるママたちにこそこの本を読んでいただき、状況を変えるお手伝いをさせていただきたいのです。

このトリセツを参考にして、そのあり余る知恵と色気と忍耐（！）のほんのごく一部でも、パパたちのためにぜひお使いください。

そうすれば、始まったばかりなのに、意外と残り少ない子育てライフが、さらにちょっぴり幸せになるばかりでなく、そのあともずっと続くであろう夫婦生活が、おだやかでかけがえのないものになるはずです。

パパのトリセツ　もくじ

第1章

機能と特徴　パパにできること、パパの役割

第2章

スイッチの入れ方　パパとしての自覚を促す

第3章

機種タイプについて　性格による性能や扱い方の違い

第4章

アプリのインストール方法　実務を覚えてもらうには

第5章

故障かな？と思ったら 暴走、離脱などに対処する

第6章

日ごろのお手入れ　イクメンの落とし穴とその対処法

第1章

機能と特徴

パパにできること、パパの役割

アラ？ ウチのダンナ
ひょっとして
「育児モード
対応機種」
なんじゃない?!

「母乳を出す」以外は何でもできる

スーパーやドラッグストアの育児コーナーをのぞくと、便利な抱っこひもとか、赤ちゃんがついうとうとしてしまうバウンサーとか、いろんな育児グッズがありますよね。家電についても、全自動洗濯機や食器洗い乾燥機に加え、最近はお掃除ロボットなんかも普及しはじめたり。

上手に使えば、多少なりともママの負担を軽くするグッズはいろいろあります。

その中でも、一番におすすめしたいのがこの商品。「**パパロボット**（略称「パパ」）」です。背丈や体重やルックスはそれぞれですが、だいたいこんな機能がついています。

「パパ」の機能

① 母乳を出すこと以外は何でもできます！

② ママのストレス発散の相手にもなってくれます！
③ 家族が安心できるように、お金を稼いできてくれます！
④ 燃料は、ごはんとビールと子どもの笑顔とママの愛情です！

これらを上手に使いこなせれば、食洗機もお掃除ロボットも不要です。授乳だっておむつ替えだって寝かしつけだって全自動。会社に預けっぱなしだったり、カーペットの片隅に転がしておくだけではもったいないわけです。
それなのに、うまく使いこなしている人が意外に少ない。なぜなら、今まで「パパの取扱説明書」がなかったからです。

でも、もうだいじょうぶ！
この本を読めば、正しいパパの使い方がわかります。

ただし、見た目によらず実は繊細な作りゆえ、取り扱いには注意が必要です。

「パパ」取り扱い上の注意

① 疲れると動きが鈍くなります。
② 燃料が足りないと動かなくなります。
③ ときどき暴走することがあります。
④ 適度な遊びがないと故障の原因となります。

これらの注意事項については、あとでくわしく説明します。

「隣の芝生」と比べないでください！

この「トリセツ」には、一般的なパパをいわゆる「イクメン」に育てる方法が書かれています。

そもそも、「イクメン」ってどういう意味でしょう。

最初は、単に「育児をするメンズ」のことでした。しかし、特に女性誌などを見ると、今では次のような意味として都合よくとらえられているように感じます。

「イクメン」の条件!?

□バリバリ仕事してしっかり稼いできてくれるけど、家には早く帰ってきてくれる。
□家事も育児も進んでやってくれる。
□自分の愚痴はもらさずに、ママの愚痴には何時間でもつき合ってくれる。
□子どもとたくさん遊んでくれるけど、ママへの愛情表現も欠かさない。
□時にはビシッと子どもを叱れるけど、ママのことは絶対に非難しない。

□適度にオシャレでかっこいいけど、ママ以外の女性には見向きもしない。

そんな男性がいたら、僕が結婚したいくらいです。
いるわけない！

そうやっていきなりハードルを上げちゃうと、パパは自信をなくし、やる気までしぼんじゃうんです。

ママのみなさんも考えてみてください。
たとえば、寝そべってテレビを見ているダンナさんが、若いママタレントを見たあと、見比べるようにあなたの顔を見て、ため息なんてついたらどうします？
……きっと殺意を抱くでしょう。

ママタレントが相手ならまだましです。ご近所のちょっぴり美人なママをまじまじと見つめたあと、意味ありげにあなたのことを見て気まずそうに目を反らしたら……。

それと同じです。

絵に描いたイクメン像と見比べられてため息つかれて、やる気を出すパパなんていません。

日本男児はもともとイクメン！

ここでクイズです。

イクメン先進国として知られる北欧ノルウェーでは、ピザの消費量が世界一なのだそうです。なぜだかわかりますか？

答えは、冷凍ピザがノルウェーのイクメンの定番料理だからです！

ノルウェーは、世界でも屈指の男女平等社会です。男女とも分け隔てなく働き、育児も家事もこなします。

だからといって、ノルウェーの男性たちが毎日家族のために素敵なディナーをつくっているかというとそうじゃない。

面倒くさいから、冷凍ピザをチン！というのが定番なのです。

ベルギーでも似たような話を聞いたことがあります。

奥さんは、「私の夫は毎日、家族のために素敵なディナーをつくってくれるの」と夫をほめちぎります。

でも、何をつくっているのかよくよく聞いてみると、パスタをゆでて、市販のソースにからめているだけ。ソースの味が毎回変わるだけなんです。

冷凍ピザをチン！にしても、パスタをゆでるにしても、「その程度ならうちのダンナにもできる！」と思うママも多いんじゃないでしょうか。

日本では「料理ができる」というと、煮物などの手の込んだ料理を同時に数品つくれちゃうことをイメージしますよね。

でも、イクメン先進国といわれる国々では、そもそものハードルがすごく低いんです。で、「男だって料理ができて当然！」と胸を張って言えちゃう。その差なんです。

先ほど、「絵に描いたようなイクメンなんてどこにもいない！」という話をしましたが、それは日本国内に限ったことではありません。**イクメン先進国のパパでも、性能はこの程度**だってことを、この機会にぜひ知っておいてください。

つまり、日本のパパたちに、あんまり多くを望まないでくださいってことが言いたいんですけどね。

ちなみに、「日本の男性は育児に対する意識が低い」という、なんとなくの社会通念みたいなものがあるじゃないですか。でも実は、それも単なる思い込みなんです。

江戸時代の史料なんかを見ると、江戸の男たちはたいそう子どもをかわいがっていたようです。

子どもを銭湯に連れて行くのは父親の役割だったり、仕事帰りにおもちゃやあめ玉を買って帰る習慣があったりと、今のイクメンたちとやってることはおんなじ。

つまり、**日本男児にはもともとイクメンになる素質があるんです！**

というわけで、「うちのパパにもイクメンの血が流れている！」と固く信じて、このトリセツを読み進めてください。

「自称イクメン」はギャグにしかならない

で、結局どんなパパが「イクメン」なのでしょう。

「イケメン」が自称ではギャグにしかならないように、「イクメン」だって自称ではギャグにしかなりません。

いくら一般的には「イケメン」でも、好きな女の子から「イケてる」と思ってもらえなければ何も意味がないのと同じで、世間一般的には「イクメン」でも、妻や子どもから「育児してる」と思ってもらえなければ意味がありません。

逆に言えば、実際は大してやっていなくても、妻や子どもから「育児してる」と思ってもらえるなら、それは「イクメン」です。

つまり、イクメンか否かというモノサシは、世間がもっているのではなく、各家庭がもっているものであるはずなんですね。

たとえば、ある家庭では子どもの送り迎えや家事などをぴったり半分半分で分担してくれることこそがイクメンの条件だとされるかもしれませんし、また別の家庭では、平日は家事なんて全然しなくていいから、外でがっつり稼いできてくれて、週末に子どもとめいっぱい遊んでくれればいいというのがイクメンの条件かもしれません。

うちの夫はイクメンか否か――その答えはみなさんの中にあるのではないかと思います。

あえて言うならば、「妻にとってはどんな夫が理想の夫なのか」、「子どもにとってはどんな父親が理想の父親なのか」、それを理解しようとコミュニケーションを尽くし、それに近づこうとし、完璧じゃないにしても、そこに向かって努力する姿に妻も子どもも納得できることが、イクメンの第一の条件なのではないかと思います。

ただし、それがなかなかどうして、なかなかできないからこの本があるわけです。ママたちの理解と支援が必要なのです。

目指せ！「これでいいのだ！」

ちなみに、2008年に「アニメの中の理想の父親」をオリコンが調査したところ、1位は「バカボンのパパ」でした。

これって、とっても正しい感覚だと思います。

自信をなくして卑屈になった父親を見ていることほど、子どもにとってつらいことはないでしょう。頭の毛が薄くても、メタボ腹がみっともなくても、オシャレのセンスがダサくても、稼ぎが少なくても、どんなダメオヤジでもいいから、堂々と、いつも笑っていてほしいと、子どもは父親に願うものではないでしょうか。

父親だけでなく、母親も同じだと思いますが、親が「人生は楽しい。大変なこともあるけれど、生きる価値がある」と思い、毎日をたくましく生きていれば、子どもも「人生は楽しい。大変なこともあるけれど、生きる価値がある」と思って成長できるはずです。

親が生き方で伝える、言葉にならないこのメッセージは、いずれ子どもが自立し、一人で生きていくときに必要な「生きる力」の土台になります。これぞ、究極の育児ではないかと思います。

絵に描いたようなイクメンを目指して、「オレってまだまだダメだなぁ……」なんて自分を卑下するパパよりも、他人から怒られようが笑われようが、「これでいいのだ〜」って堂々としているパパのほうが、子どもにとってはよいパパなのです。

だから僕は、パパ向けの講演会で、「まずは『イクメン』よりも『笑われパパ』を目指しましょう」とお話ししています。そうすると、みなさんニヤリと笑い、肩の力がすーっと抜けるのがわかります。

「ママが二人」じゃもったいない！

昨今、「男性も育児を！」という声が高まっている背景には、日本の家族のあり方の変化も大きく関係していると思います。

今みたいな核家族化が進む前、昔の大家族って次のページの上の図のような感じだったことでしょう。

子どものまわりにいろんな登場人物がいます。いろんな人がいろんな役割を演じたり、いろんな価値観を子どもに見せたりしながら、豊かな人間関係の中で子育てが行われていたんです。

「サザエさん」や「ちびまる子ちゃん」の家庭をイメージするとわかりやすいでしょう。

お母さんにこっぴどく叱られても、おじいちゃんやおばあちゃんがあめ玉をくれて慰めてくれたり、きょうだいや近所のやんちゃ坊主が、いたずらやけんかを

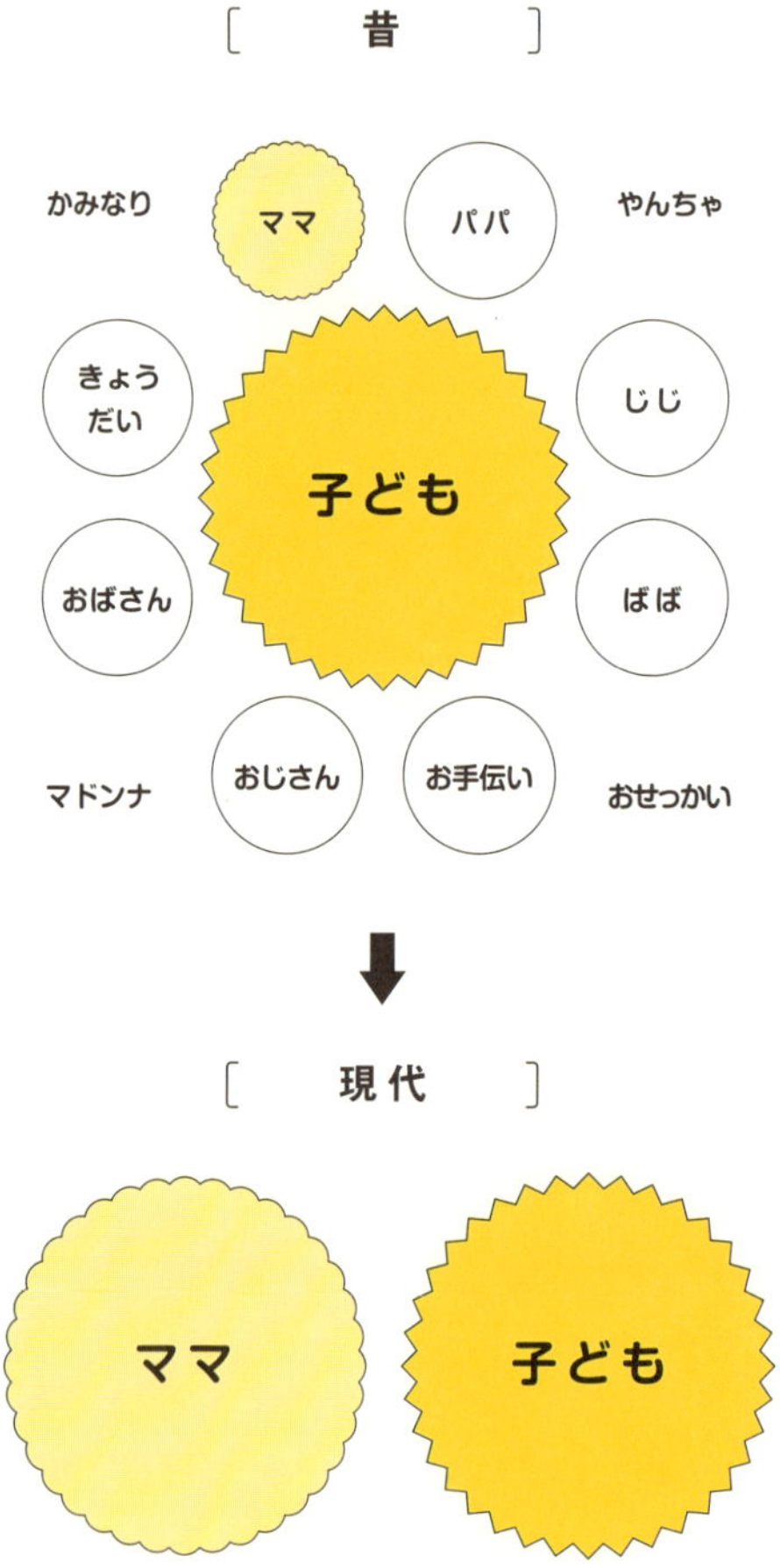
[昔]
かみなり
ママ
パパ
やんちゃ
きょうだい
じじ
子ども
おばさん
ばば
マドンナ
おじさん
お手伝い
おせっかい
[現代]
ママ
子ども

教えてくれたり。お父さんが「ダメ」と言うことでも、友蔵じいさんは「いいよ」と言ってくれたり。タラちゃんには「いいよ」ということでも、カツオには「ダメ」だったり……。矛盾や葛藤もごろごろ転がっていたわけです。

いろんな価値観があって、その幅というか奥行きの中で子どもは成長できたのです。

でも、今の典型的な核家族は、右下の図の感じですかね。

ママと子どもが2DKのアパートの一室で、24時間マンツーマンのにらめっこ状態。ママの価値観がすべてです。幅や奥行きなんてありません。

ママが一人何役もできればいいのですが、ママはいつの時代も古来からのママとしての役割をまっとうするだけで手いっぱい。

本来、子どもが育つために必要であるはずの側面サポートをしてくれる登場人物の役割を誰が担うのか……。

はい、パパの出番です。

それなのに、パパがママのコピーロボットになってママと同じ役割しかしなかったら、子どもを取り巻く登場人物は増えませんよね。ママが二人いてもしょうがありません。

だからパパは、時にはおじいちゃん、おばあちゃんの役割を演じてみたり、時には近所のやんちゃ坊主の役割を演じてみたり、それこそ忙しくって出張続きのパパなら、フーテンの寅さんみたいなおじさんの役を演じてみたり、あえてママとは違う角度から子どもにかかわることが大切なのです。

「お、ちょっと見ない間に大きくなったなぁ」なんてね。

野球にたとえると、ママは先発ピッチャー。エースです。

だけどパパは、そのほかの8つのポジション全部を守れるユーティリティプレイヤー（便利屋）であることの価値が大きいのです。

もちろん、ママがピンチのときにはいつでもマウンドに立てるように、パパはピッチャーとしてのスキルも身につけておかなければなりません。

パパとママは違ってナンボ

だからパパを、ママのコピーロボットやママの命令どおりに動く召使いロボットに育てるのではなく、**ママとは違う角度から子育てにかかわる自律型ロボットとして育ててほしい**のです。

ただし、自律型ロボットとして成長したパパの育児や家事は、ママとはやり方が少々異なります。いや、だいぶ違うかもしれません。

やり方が違うどころか、「そんなことならやってくれなくていい」とか「それだけはやってほしくない」と思うことをやりはじめ、止まらなくなってしまうことがあるかもしれません。その点はあらかじめご了承ください。

その分パパには、ママにできない得意技がたくさんあります。

少々の危ないことなら、子どもにやらせてみることができます。

ママの苦手な泥遊びも、子どもといっしょにできたりします。

細かい作業は苦手でも、荒っぽい力仕事なら得意なはずです（それがママから見ると、得意技どころか難点にしか見えないことが問題なのですが）。

たとえば、子どもがたき火に向かって歩き出したとき。多くのママは、一歩目を踏み出した瞬間に子どもの手をつかみ、「危ないよ」と制するでしょう。

しかしパパは、そのまま見守ることがあります。それがママには許せないみたいですが、とにかく見守ります。

そして、子どもが火に触れて「熱いっ！」と涙目になって引き返してきたときに、待ってましたとばかりに両腕を広げて受け止めます。

用意しておいた氷で火傷の処置をしながら、「火は熱いでしょ。危ないんだよ」と話すのです。

この場合、ママは危険から子どもを守り、未然に事故を防ぐことを教えているし、パパは失敗から多くのことを学ばせたことになります。

逆のパターンもあるでしょう。ママがおおらかな場合は、パパがしっかりきっちりしていて、未然に子どもを守る役割を担うことが多いように思います。

夫婦って、凸凹がうまくかみ合うようにできてるんですね。きっと恋に落ちた瞬間から、無意識のうちにそういう相手を選んでいるんでしょう。

いずれにしても、ママとパパのやり方に幅があるから、それが子どもが育つ環境としての奥行きになります。「ママみたいな方法もあるし、パパみたいなやり方もある」ということを日々の生活から学び、自分なりのやり方を身につけていきます。

そう考えると、パパが自分の思いどおりに動いてくれなくても、ちょっとは許せると思いませんか？　甘いですかね……。

パパの悩みのTOP3は「夫婦関係」

パパの扱いに頭を抱えるママたちを前にして言うのもなんですが、パパたちにだって悩みはあります。

これからパパの扱い方を学ぼうとするママとして、パパたちが抱える悩みについても知っておいて損はないでしょう。

僕の運営する父親のための相談サイト「パパの悩み相談横丁」には、全国の父親からの相談がメールで寄せられます。

それらの相談の多くは、次の3つのうちのどれかです。

1. ママからの八つ当たりに耐えられない
2. ママと子育てに関する方針が食い違う
3. やってもやっても認めてもらえない

そう、**ほとんどがママとの関係についての悩み**なのです！

考えてみれば当たり前ですよね。子どものことで悩んでいるだけなら、ママに相談すればおしまい。

でも、ママが味方ではなくなってしまったとき、パパは孤立するんですよね。子育て生活における妻との諍《いさか》いのことなんて、職場の同僚や上司に相談できるはずもなく、困り果てて私のサイトにたどり着くのでしょう。

こんなふうに、わざわざ僕に相談メールを送ってくださる方は本当に偉いパパなんだと思います。

第一に、一生懸命やっているからこそ悩みが生じるんです。育児に限ったことではありません。どんなことでもいいかげんにやっているうちは、悩みすら生じませんから。

パパとしての悩みにぶち当たること。それは、パパが「本当に父親らしいもの」

になっていくうえで、避けては通れない通過点なのです。

第二に、「面倒くさいからや～めた」というのではなく、悩みに正面から取り組み、何とか解決しようとしているからです。

「オレも家のこと、もっとしてみよう！」と思っても、ママから八つ当たりされたり、そのやり方は違うとダメ出しされたり、やってもやっても認められなかったりしたら、「やっぱ、や～めた！　会社の後輩と飲んでるほうが楽しいや」となってしまってもおかしくはないでしょう。

そうやって、せっかく盛り上がったパパのやる気をみすみすそいでしまっているママも多いのではないかと思います。心当たりはありませんか？

でも、ひょっとしたらそれも無理のないことなのかもしれません。

子どもの気持ちを理解し、上手にかかわるための本や情報はたくさんありますが、パパの気持ちを理解し、上手にかかわるための本や情報は今までほとんどなかったからです。

これからは、ぜひこのトリセツを活用し、子どもの気持ちもパパの気持ちもわかっちゃう「賢いママ」になってください！

第2章

スイッチの入れ方

パパとしての自覚を促す

男 夫 パパ
ON ON ON
OFF OFF OFF
えーと、
「男スイッチと
夫スイッチがONに
なっていることを確認後、
パパスイッチをONにする」か。

男はいきなり父親にはなれない

パパは、そのまま置いておいても勝手に父親としての役割を果たしてはくれません。**最初にスイッチを入れなければならない**のです。

妊娠すると比較的スムーズに母親としてのスイッチが入ることが多く、徐々に機能をアップグレードしていける女性とは、根本的に構造が違うのです。

子どもが生まれてしばらくたつと、子どもが勝手にパパスイッチを入れてくれることはあります。でも、それまでに3か月かかるのか、半年かかるのか、1年かかるのかはわかりません。

実際、男性に、父親であることを初めて実感した瞬間を尋ねると、さまざまなタイミングが挙がります。「妊婦健診に付き添って、超音波画像を見て涙が出た」というパパは超優秀です。「出産に立ち会ったとき」とか、「初めて抱っこしたとき」などというのもかなり優秀なほうです。

「ほかの人には人見知りするのに、自分には大丈夫だったとき」とか、「子どもに『パパ』って呼ばれたとき」なんていう人も結構います。ママたちからすれば、「どんだけ時間かかってんのよ!」って感じでしょう。

そこでこの章では、ママ自らの手で、パパスイッチをONにする方法を説明していきます。

「時差」が広げる夫婦の溝

男性はある日突然、奥さんの「妊娠してたみたい……」のひと言を聞かされて、その事実を追いかけるように父親になろうとしなければなりません。

かつての大家族や長屋暮らしの社会なら、同様の経験をしながら父親になっていく身近な先輩を見て、「父親ってこういうものなんだ」ということを理屈抜きで理解する機会もあったでしょう。

でも、現代の核家族社会においては、そのような機会に恵まれることはほとんど稀です。

誰も教えてくれない。教科書もない。ロールモデルもいない。

それは、母親になる女性にとっても同じことです。

でも、つねに体内に赤ちゃんの存在を実感しながら、徐々に精神的にも母親になっていける女性に比べると、自分が父親であることを男性が実感するチャンスはあまりに乏しいのです。

ママが母親としての自覚をもつタイミングと、パパが父親としての自覚に目覚めるタイミングの時差が大きければ大きいほど、夫婦間の意識の溝は開きます。

この溝が開きすぎると、「あなた、父親としての自覚はあるのっ！！！！」となるわけです。そこで夫婦関係がこじれてしまうと、パパスイッチはますます入りにくくなってしまいます。

だから、**できるだけ早くから父親としての自覚をもたせることが大切なのです。**

「面倒くさいから、自然に起動するのを待っていよう」なんていうのはおすすめしません。

いち早く、ポチッ!とスイッチを入れちゃうのが「賢いママ」。それができるかできないかで、その後のママ自身の子育て人生が大きく変わるはずです。

パパスイッチは本当にあった!

一般に、女性は体が変化して母親になっていくのに、男性の体は親になっても何も変化しないと考えられがちです。

しかし、父親になった男性の脳の中では物理的な変化が起こっている可能性が高いということが、最新の科学の研究でわかりつつあります。「パパスイッチ」

というのは、単なるたとえではなく、どうやら本当にあるらしいのです。

それを確かめるために、マウスで実験を試みたところ、子どもの誕生後、父親マウスの脳には補足的なニューロン（神経細胞）が生じ、ホルモンも変化することがわかったというのです。それが何のためなのかは、まだ解明されていません。ある研究者は、自分の子どもを識別する能力を獲得するためではないかと考えているようです。

そして、ここからが重要です。

父親マウスが新しい脳細胞を獲得するのは、子どもとともに巣にとどまっているときだけで、赤ちゃんマウスが生まれた日に父親マウスを巣から離してしまうと、父親の脳に変化は現れないというのです。

ということは、里帰り出産などで、産後すぐに赤ちゃんと離ればなれに暮らしてしまうと、パパスイッチは入りにくくなるということになります。

これは大問題です！

五感で赤ちゃんを感じると脳が変化する⁉

さらにさまざまな実験の結果、子どもの匂いを嗅ぐ経験とスキンシップ経験の両方が揃うと、父親マウスの脳の中に新しい脳細胞がつくり出されるらしいことを、研究者たちは突き止めています。

鼻がきくマウスだから匂いとスキンシップなのであって、人間であれば視覚や聴覚もカギになるかもしれませんよね。

つまり、ただ立場として父親になるだけではダメで、父親として子どもと触れ合うことで、父親として覚醒するらしいのです。

数々の取材経験を踏まえ、僕は以前から子育て講演会などで、「父親の役割など難しいことを『考える』のではなく、とにかく赤ちゃんと『触れ合う』ことが大事」とお伝えしてきました。

それが、脳科学的にも正しい可能性が高いようなのです。

というわけで、**パパスイッチをONにするためには、理屈で自覚を促すよりも、パパと赤ちゃんをベタベタ接触させることが重要なんです。**

とにかく抱っこさせて、匂いを嗅がせて、アイコンタクトさせて、泣き声を聞かせて、パパの五感をフル稼働して赤ちゃんを感じてもらう機会をできるだけ早い時期にたくさんつくるようにするといいでしょう。

とはいえ、男性は理屈が好きです。「赤ちゃんの匂いを嗅いだり、スキンシップをとったりすると、新しい脳細胞ができるんだってよ！」などと説明してあげてもいいかもしれませんね。

子どもといっしょの週末は人生の何%？

パパが赤ちゃんと勝手にベタベタしてくれるようになればこっちのものなのですが、そもそもそこまでもっていくのが大変だったりします。

「オレにできることはない。育児はママの担当」と決めつけ、父親としての自覚どころか、子育てに対する関心すらなかなかもたないパパに対しては、日曜日に次の質問をしてみてください。

「子どもが『パパ〜！』って無条件に抱きついてくれるのなんて、きっと小学校に上がるくらいまででしょ。

仮に子どもが6歳になるまで、毎週日曜日を子どもといっしょに過ごせたとして、それってあなたの人生のうちで何%くらいの時間になると思う？」

答えは、なんと約1%です。

子どもが6歳になるまで、日曜日は約300日あります。そして、人の一生は約3万日といわれています。割り返せば、ほら、たった1%なんです。

そして、「ね、だからこの時間ってとっても貴重なのよね」と幸せそうにつぶやいてください。

「幸せそうに」、というところがポイントです。

「それなのに、どうしてあなたは……」なんて本音まで言ってしまうと、すかさず「だって……」が跳ね返ってきて、なおさら溝が深まるってことになりかねませんから。

「育児は今しかできない」ということは、さすがにパパたちも概念的にわかっていると思います。

でも、実際に「1%」なんていう数字にしてみると、「本当に貴重だ」という実感が湧きやすいんじゃないでしょうか。

……って、いくら言ってもちゃんと話を聞いてくれないパパも、きっとたくさんいますよね。ほんと、ごめんなさい。

そんなときは、「こんなにか細い泣き声が聞けるのもほんの数か月ですものね」とか、「2歳のこの子と過ごす時間は今しかないのよね」などと、貴重な時間のありがたさをパパに語ってみてください。

「アンタ、飲みに行ってる暇があったらねぇ……」などと糾弾したくなる気持ちをグッとこらえて、「北風と太陽」作戦です。

それが「できるママ」のしたたかさというものです。

スイッチONのタイミングとコツ

このトリセツを読んでいるのが、妊娠期間中ならラッキーです。あわてなくても十分な時間をかけて、二人で少しずつ、母親、父親になっていくことができるからです。

でも、すでに子どもがある程度大きくなってしまっていて、「今からでもいいから、うちのパパにももっとがんばってほしい」と思っている方もだいじょうぶ。

というわけで、ここからは、妊娠中、出産直後、乳児期、幼児期の4つの時期別に、パパスイッチをONにするコツを説明します。

1 妊娠中→将来の話をする

女性も妊娠中に、母親としての実感を少しずつ高めるものでしょう。まして妊娠中に父親としての自覚に目覚める男性は極めて稀です。

だからといって、妊娠中に何もしないのはもったいない。**妊娠中には二人で将**

来について語り合うのがおすすめです。

1. 子どもができたら、お互い何と呼び合う？
2. 食卓の席順は？　寝る位置はどこにする？
3. ワークライフバランスはどうする？
4. 家事分担はどうする？　何ができる？
5. じじ、ばばとはどんな距離感にする？
6. 子どもといっしょに、どんなことしてみたい？
7. 将来、どんな子に育ってほしい？
8. わが家のしつけ、教育の方針は？
9. 死ぬまでに子どもになんとしても伝えたいことは？
10. 子育てが一段落したら夫婦でどんなことしたい？

……などなど。イメージトレーニングみたいなものですね。

こうして未来を想像することで、一足早く母親気分、父親気分に浸れます。パパもその気になっちゃって、そのまますんなりスイッチがONになっちゃうってことも。

子育てが一段落したあとのことなんかもイメージできると、子育てが「期間限定イベント」だってこともイメージしやすくなりますよね。そうすると、ますますパパスイッチが入りやすくなります。

テーマによっては、二人の意見の相違が露呈するかもしれません。

たとえば、ママはのんびりおおらかに育てたいと思っているのに、パパは厳しくしつけたいと思っているというような場合です。

意見の相違が露呈したときのポイントは、「じゃ、こうしましょう」などと、**無理に折り合いをつけようとしないこと。**下手に折り合いをつけようとすると、ケンカになってしまうことがあるからです。

そんなときは、お互いに「へぇ〜、そんなふうに考えてたんだ。意外！　でも、今それがわかってよかったよね」などと言っておけばいいのです。

いざ、子どもが大きくなってから、このような考えの違いが露呈すると、たいがい泥沼の長期夫婦ゲンカ（！）に発展しますけど、今のうちなら適当にやり過ごすことができます。

くわしくは第6章で説明しますが、そうやってお互いの考えていることを共有するだけで、無意識のうちに歩み寄ることができるのが、夫婦という関係の神秘なのです。

また妊娠期間中に、できるだけたくさんの意見交換をすることで、のちのち生じていたかもしれない夫婦ゲンカを未然に減らすことにもなります。

2 出産直後↓頼りなくても頼る

出産直後は、ママが心身ともにヘトヘトになりやすい時期です。人によっては「産後うつ」なんてものが起こりうるのもこの時期です。

赤ちゃんのお世話はまだ不慣れで毎日てんてこ舞いだし、出産で消耗した体力が完全に戻るまでにはまだ時間はかかるし、「猫の手も借りたいくらい！」と言いたくなる状況でしょう。

でも、**猫の手を借りるくらいなら、まずパパをあてにしてみましょう！**

人間って不思議なもので、テンパっているときこそ、人にお願いすることができず、なんでも自分でやっちゃおうとすることってありませんか？

他人とコミュニケーションをとるだけの心の余裕がないもんだから、そうなっちゃうんです。仕事でもよくある話ですよね。

こんなふうに、せっかくすぐ隣にパパがいるのに、うまく活用できてないことも多いんじゃないかと思います。

それどころか、パパが手出しをしようとするなり、「違う！　余計なことしないでよ！」なんて怒鳴ってしまったり……。

それでは、パパスイッチを入れるどころか、スイッチを壊してしまいます。

たしかに自分でやっちゃったほうが、その瞬間は早いんでしょうけれど、いつまでもそれを続けていて苦しくなるのは自分です。だから、どこかで心を落ち着かせて、パパにまかせてみましょう。

頼りないと思う気持ちはお察しします。しかし、そこで一歩引いて見守れるかどうかが、パパスイッチを入れられるかどうかの分かれ目なのです。

たいていの男性は、頼られて悪い気はしません。「アナタだけが頼りなの」なんて言われてしまったら、「そっ、そうか」なんて、まんざらでもない気になって、力量以上のことにも挑戦してくれます。

ダメ出しのひとつもしたくなるでしょうが、グッとこらえ、かわりに「さすが！ありがとう！」なんてひと言を添えてみましょう。

こっそりお教えしますと、このとき心を込める必要はありません。パパもおだてりゃなんとやらです。

「赤ん坊もママも、やっぱりオレがいなきゃダメなんだな……」なんて錯覚させれば、パパスイッチは入ったも同然。

家族が増えた新しい家庭の中に、自分の居場所を見つけたパパは、積極的に子育てや家事に取り組むようになってくれるはずです。

3 乳児期→スキンシップをとらせる

先ほどお話ししたように、たくさんスキンシップをとってもらい、**五感で子ど**

もを感じる経験をたくさん積ませてあげてください。

五感で子どもを感じることは、新たな脳細胞が生成されるくらい、パパに強いインパクトを与えます。

たとえば、抱っこをしてもらったときに「あ、私が抱っこするときとなんだか違う表情をしているわぁ。なんだか楽しそう」などと、子どもとの絆を強く感じてもらえるようなひと言を添えればもうカンペキ。**嘘も方便で結構です。**

ただでさえ、初めての経験だらけで舞いあがってますから、簡単に「そうか、オレに抱っこされると楽しいのか！」なんてその気になってくれるはずです。

これで脳も心もスイッチONです。

早くからたくさんスキンシップを重ねれば、子どもも早くパパに慣れてくれて、ママの負担も減らせるというメリットもあります。

4 幼児期→パパをヒーローに仕立てる

乳児期に自分の役割を見いだせなかった父親でも、子どもが成長し、いっしょにできることが増えてくる幼児期になると、子育ての楽しさを実感できるようになるものです。

乳児期にあんまり積極的に子どもにかかわってくれなかったパパでも、この時期になれば、急に子どもを連れてお出かけをしてくれるようになったりします。子どもが、多少がさつに扱っても大丈夫なくらいに成長しているという安心感もあるのでしょう。

ただし、乳児期までと違い、子どもは自分の意思で動き回ります。パパが嫌いだったら寄りつこうとしなくなります。

そうなってしまったら大変ですから、パパの気持ちを盛り上げるだけではなくて、子どもをパパ好きにする工夫も考えなければなりません。

逆に、子どもが「パパ大好き！」状態になれば、パパだっていやがおうでもパパスイッチをONにします。

パパの気持ちを盛り上げつつ、子どもも「パパ大好き！」な状態にするには、パパをヒーローに仕立てちゃうのが一番です。

子どもに、「パパは強い正義の味方なんだよ！」「パパは悪いことが大嫌いなんだよ！」「パパは困っている人を見ると、必ず助けてあげる優しい人なんだよ！」「パパはママのことも守ってくれるんだよ！」などと吹聴しましょう。わざとパパにも聞こえるように吹聴するとなおよしです。

子どもは瞬く間にパパのファンになるでしょう。

男ってバカなので、いくつになってもヒーローに憧れます。ましてや、自分が子どもにとってのヒーローになっちゃったら、そのイメージを守ろうとせずにはいられなくなります。少なくとも、子どもの前ではカッコイイ父親でいたいと思うようになります。

一度そう思いはじめると、その思いはますます加熱し、本当に子どもにとってのヒーローのようにふるまいはじめます。これでカンペキにパパスイッチONです。

ときどき調子に乗りすぎてママに怒られることもあるかもしれませんが、そのへんは大目に見てやってください。

「夫スイッチ」をOFFにしないために

パパスイッチがONになるのは万々歳なのですが、そのときにひとつ気をつけてほしいことがあります。

父親という役割意識が強くなりすぎて、「夫」という役割意識が薄れることがあるのです。

これはママも同じですね。母親になりきってしまって、妻であることを忘れてしまうケースがあります。それと同じです。

パパは、父親であり、夫であり、男でなければなりません。

それなのに、父親100%になってしまうと、夫婦関係がぎくしゃくしはじめます。妻を一人の女性として扱うのを忘れ、育児のパートナーとしか思わなくなってしまいます。男としての自覚も薄れるので、妻から愛され続ける男でいようとする意欲がなくなります。

それでも子どもは「パパ〜！」って慕ってくれるから、本人はそれで満足してしまうのです。

しかし、何度も言いますけど、子どもが「パパ〜！」って抱きついてくれるのなんて、人生のうちのほんの数年。

あっという間に時は過ぎ、子どもがパパと遊ぶよりも友だちと遊ぶことを好むようになったとき、色気も甲斐性もないおじさんと化したパパの抜け殻だけが残されます。

夫婦はすでに男女ではなくなっており、家庭の中にはすきま風が吹きすさぶばかり……。これでは寂しすぎます！

意地でも夫婦の時間を確保する

そうならないようにするためには、**お互いにどんなに忙しくても、たまには夫婦の時間をつくることを強くおすすめします。**

子どもが寝たあとに、いっしょにお茶をするだけでもいいです。二人で映画鑑賞なんかできたら最高ですね。

子育て中は、お互いにどうしてもそういうことがおっくうになりがちです。

でも、二人の時間がないまま、お互い、母親としての顔、父親としての顔しか見ていないと、女としての色気や男としてのカッコよさにビビッ！と反応するアンテナがさびついてしまいます。

結婚する前のようにラブラブ、ベタベタする必要はありません。「最近、仕事忙しそうね。だいじょうぶ？」とか、「子どもが健やかに育っているのはキミのおかげだよ」なんてお互いをねぎらい、いたわる言葉をかけ合えれば十分です。

相手を一人の男性、女性として思いやる気持ちを忘れないことこそが大切です。

そうしておけば、アンテナはさびつきません。

……という状況を、せっかくママがお膳立てしても、それをパパに面倒くさがられてしまったら──。大ショックですよね。

でも、実際はよくあるケースではないかと思います。

「疲れてるんだよ」とかなんとか言って、逃げちゃうパターンです。

ママのそういう思いを受け止めてあげられないパパは、はっきり言って夫として失格だと思います。パパであるという立場に甘んじて、油断しすぎなのだと思います。

そこでママがさらに一肌脱いで、パパを夢中にさせることができれば理想ではありますが、いくらなんでもそこまでママに求めるのはさすがの僕も気が引けます。

時には、ガツンと言ってもいいと思います。

上手な夫婦ゲンカの作法については、第6章でくわしく説明しますのでお楽しみに。

第3章

機種タイプについて

性格による性能や扱い方の違い

ナルホド。
まずどのタイプか
調べなきゃいけないのね。
星座とか手相とかは…
あ、関係無いのね。

パパにも得意・不得意がある

自動車にもスマホにもいろいろな種類があるように、パパにもいろいろな機種タイプがあります。タイプが違えば、クセも果たす役割も活躍するシーンも違います。それぞれに長所・短所があります。

パパのタイプを知り、適材適所の役割や活躍のシーンを与えれば、パパは生き生きと活動します。機能を最大限に発揮します。

逆に、苦手な分野をやらせてもうまくはいきません。

そこで、この章ではまず、「わが家のパパ」のタイプを判定します。どんなクセがあるのか、どんなことが得意なのか、どんなことが苦手なのかを見ていきましょう。

おたくのパパはどのタイプ？

パパを5つのタイプに分類して説明します。

残念ながら、パパ本体をくまなく探しても、どのタイプに属するのかは記されていません。ご面倒をおかけしますが、次のページの「タイプ判定チェックシート」を試してみてください。

【判定の方法】

おたくのパパになったつもりで、10の質問に、「あてはまる」「どちらでもない」「あてはまらない」のいずれかで答えてください。そして、右の欄にある点数をA～Eの項目ごとに足します。

A～Eの中で最も点数の多いところがおたくのパパのタイプになります。複数の項目で点数が最高の場合は、複数のタイプの特徴を併せもつパパだということです。

	あてはまる	どちらでもない	あてはまらない
	3	2	1
	3	2	1
	3	2	1
	3	2	1
が多い	3	2	1
	3	2	1
	3	2	1
	3	2	1
	3	2	1
	3	2	1

パパのタイプ　チェックシート

Q1：他人に指図されるより、指図するほうが多い
Q2：捨て猫や捨て犬を見ると放っておけない
Q3：買い物するときは、事前によく比較検討する
Q4：「やった！」「すごい！」などの言葉をよく発する
Q5：「何が食べたい？」と聞かれても、「何でもいい」と答えること
Q6：「けじめ」「義理」などの言葉を好む
Q7：ほめ上手なほうだ
Q8：「合理的」「論理的」などの言葉を好む
Q9：いつも楽しいことを探している
Q10：人からどう見られるかを気にすることが多い

A（Q1＋Q6）＝＿＿＿＿→ 厳格律儀カミナリオヤジタイプ
B（Q2＋Q7）＝＿＿＿＿→ 母性優先二人目ママタイプ
C（Q3＋Q8）＝＿＿＿＿→ 冷静沈着コンピュータタイプ
D（Q4＋Q9）＝＿＿＿＿→ 天真爛漫わんぱく坊主タイプ
E（Q5＋Q10）＝＿＿＿＿→ 従順無口いい子ちゃんタイプ

いかがでしたか。
では、ここからはタイプ別のクセ、得意分野、苦手分野について説明します。

厳格律儀カミナリオヤジタイプ

ひと言で言えば、昔ながらの頑固オヤジタイプ。今どき珍しい、どちらかというと旧型のパパです。「サザエさん」の磯野波平を思い浮かべるとわかりやすいかもしれません。

曲がったことが大嫌いで、義理人情にも厚く、頼りがいがあるところが最大の長所。「一家の大黒柱」という存在としては申し分ありません。

一方で、融通が利かなかったり頑固だったりするので、ちょっぴり扱いにくいのが難点。自分自身が厳しい価値観に基づいて生きているため、他人に対しても厳しく接してしまいがち。

それが、ママに対しては批判、子どもに対しては叱責という形で表れやすく、現代の家庭の中では煙たがられることもあります。

「父親の威厳」を大切にするので、ときどきヨイショも必要で、実は結構手がかかります。おたくのパパがこのタイプの場合、**家族の「名誉リーダー」としての地位を与えると、おさまりがよくなります。**

また、このタイプのパパと意見の相違があった場合は対応に注意が必要です。自分の価値観を絶対に譲るまいとする気持ちが強いので、真っ向勝負をしているとこちらが疲れてしまいます。「負けるが勝ち」と割り切って、早々に切り上げることをおすすめします。

このタイプは、子どもに対しても多くを求めすぎてしまうところがあります。

しかしそこで「そんなに厳しくしたらかわいそうよ」なんて言おうものなら、「キミが甘やかすからだ」というセリフが返ってきて、大変なことになっちゃいます。

そのような場合には、表面的にはパパをたてながら、裏でこっそりママが子どもをかばい、守ってあげられるといいバランスになります。

母性優先二人目ママタイプ

世話好きで、思いやりがあります。人の話を聴くのが上手で、ほめ上手。みんなから好かれます。

ひと言で言えば、母親のような父親です。尾木ママをイメージするといいでしょう。

子どもに対しても、母親に負けないほどの愛情で接することが自然にできてしまうのがこのタイプの最大の長所。パパスイッチを入れるのも一番ラクなはずです。

ママへの接し方も上手。うまく話を聴いてくれるし、優しい言葉もかけてくれるので、ママがストレスを感じることはほとんどありません。

その反面、面倒見がよすぎるため、子どもを甘やかしてしまうことも。ママがやろうとしていることを先回りしてやってくれちゃったりするのもありがたいのですが、ともするとママのお株を奪い、ママの立場がなくなっちゃうってこともあります。

一番心配なのは、「おうちの中にママが二人」みたいな状態になっちゃうこと。第1章で説明したとおり、一つの家にママが二人いても仕方ありませんから、ママとの役割分担が課題です。

そこで、**「お願いされたことはやってあげたくなっちゃう」という特徴を利用します。**

「ちょっと厳しさが足りないな」と思うなら、「時には、子どもの前で厳しさを見せてほしい」などとお願いしてみるのもいいでしょう。厳しさを表現するのはこのタイプのパパの苦手分野ではありますが、なんとかやってくれるはずです。

「近所のやんちゃ坊主役をやってほしいな」と思うなら、「子どもを外に連れて行って、思い切り遊ばせてあげてよ」とお願いすれば、それなりにやってくれるはず。

このタイプのパパがパートナーなら、一般的な男女の役割意識にとらわれず、自由な発想で夫婦の役割分担を決めることができるはずです。

冷静沈着コンピュータタイプ

つねに冷静、的確、理性的。少々のことでは動じず、論理的に物事を考え進めるのが得意です。

いわゆる「頭がいい」タイプ。刑事ドラマ「相棒」の杉下右京を思い浮かべるとわかりやすいでしょう。

感情や本能に流されず、余計な価値観にまどわされることが少ないので、見ていて安心できるパパです。

軸がぶれないので、自ら「父の威厳」を振りかざそうとする「厳格律儀カミナリオヤジ」タイプよりも、よほど子どもから尊敬されます。

たとえば、災害時など、いざというときに最も頼りになるのはこのタイプ。まさに、「家族の頭脳」として重要な役割を果たしてくれます。

反面、クールすぎるのが玉にキズ。ユーモアに欠けていたり、ママや子どもの話に共感するのが下手だったりというのが最大の欠点です。

ママが愚痴を漏らしたときや相談をもちかけたときにその欠点が露呈します。女性が誰かに愚痴を漏らしたり相談をもちかけたりする多くの場合、的確なアドバイスが欲しいわけではないんですよね。話を最後まで聞いてもらい、心の中のわだかまりを吐き出したいだけということが多いと思います。

それなのに、このタイプのパパは、「要するに」とか「つまり」とかいう言葉で、ママの言いたいことを短くまとめてしまいます。

さらに、最短時間で最大効果を求めるクセがありますから、「だったら○○すればいいじゃない」と的確すぎるひと言で話を終わらせてしまうわけです。

すると、ママは「もっと話したいことがあるのに！」とか「私の気持ちをわかってもらえない！」などと欲求不満を募らせます。

しかしこのタイプのパパは、そういうことがさっぱり理解できません。「僕は最善の答えを提案したのに、それがわからないなんて、キミがおかしいんじゃないか？」となってしまうのです。

このタイプに「上手に話を聞いてもらう」機能はあまり期待しないほうがいいでしょう。 相談をするなら、あらかじめ要点をまとめ、答えだけがわかればいい状態にしておくことがおすすめです。

心の中のわだかまりは、誰か別の人に聞いてもらうようにしましょう。

天真爛漫わんぱく坊主タイプ

自由奔放で本能のままに生きているタイプ。好奇心旺盛で直感的、創造力がた

くましく、よく遊び、楽しむことができます。「いくつになっても子どもみたい」と言われるやんちゃなタイプのパパです。

映画の「インディ・ジョーンズ」とか「釣りバカ日誌」のハマちゃんをイメージするとわかりやすいでしょう。

子どもにしてみれば最高のパパです。いろんな遊びを知っているし、自分と同じ視点で楽しみながら遊んでくれますし。

ときどきやりすぎてママに叱られちゃうこともあるけれど、そこも含めて、頼りがいがあって尊敬できるお兄ちゃんや近所のやんちゃ坊主のような存在になってくれます。

それに、何事にも興味を示し、挑戦する姿勢は子どもにとってもいい影響を与えることでしょう。

一方で、他人に対する配慮に欠け、自己チューになりがちという短所も。ガマンも苦手です。子どもの欲しがるおもちゃをすぐに買い与えてしまうのもこのタイプ。

ママからしてみれば、もう一人大きな子どもがいるような感覚かもしれません。

しかしこのタイプのパパは、少々叱ってもいつまでも凹んだり、卑屈になったり、復讐を企てたりしないのがいいところ。それに、ほめればほめるほど伸びやすいのも特徴。**体当たりで育てるのが正解です。**

父親というよりは、「名誉長男」だと思って、時に叱り、時にほめ、上手に育ててあげてください。

従順無口いい子ちゃんタイプ

口癖は「キミの好きにしていいよ〜」。子どもができる前、結婚する前から、

主導権はあなたにあったことでしょう。

このタイプは、あなたに言われたとおりに行動し、あなたの望むようなパパであろうとします。

いわゆる「草食系男子」。「スター・ウォーズ」の金ピカの人型ロボットC3PO（シースリーピーオー）みたいなタイプです。

とにかく従順で「いい子」。協調性が高いのが長所です。ガマンが得意で、不満があっても表には出しません。

つねにあなたに合わせてくれますから、今までこれといったストレスを感じたことはなかったのではないでしょうか。あえて言えば、優柔不断なところにたまにイラッとする程度だったのでは？　いっしょに暮らしていてもとてもラクだったのではないかと思います。

しかし、これからそのツケが回ってくるかもしれません。

このタイプのパパの短所は、主体性に欠けることです。指示を与えれば言われたとおりに動いてくれますが、指示を与えないと自分で判断して行動することがなかなかできません。

自律型パパに育てるのが一番難しいタイプなのです。

また、このタイプは人からの評価を過度に気にするという特徴もあります。だから、ダメ出しをしたり、なじったりすると傷つきます。

しかも、反論したり、傷ついたことを表に出したりすることが苦手ですから、「すねる」「ひねくれる」「へそを曲げる」といった形で地味に反抗することがあります。それをストレスと感じるママも多いでしょう。

表面的には「相手に合わせることのできる大人」のようにふるまいますが、中身は「大人からの評価を気にする子ども」のまま。

実は、最も扱いの難しいタイプのパパなのです。

しかも、得意技である「ガマン」が行きすぎると、家の中が窮屈に感じられるようになってしまうことも……。

ときどき適度な「遊び」を与えてあげるのが、このタイプと上手にやっていくコツです。

夫婦のタイプの違いにご用心

おたくのパパのタイプとその特徴がわかりましたでしょうか。

そしたら今度は、パパのタイプ判定で使ったチェックリストをもう一度使って、みなさん自身のタイプを判定してみてください。「パパ」の部分を「ママ」に置き換えて、自分の属するタイプの説明を読んでみてください。

それがあなたの心のクセみたいなものです。

パパの特徴を知ったうえで、さらに自分自身の心のクセを知り、その組み合わせによくある葛藤のパターンとその対処法を覚えておけば、余計なストレスを感じることは少なくなります。

同じタイプどうしが夫婦になればうまくいくかというと、そうでもありません。たとえば、どちらかが「天真爛漫わんぱく坊主タイプ」であれば、もう一方は「従順無口いい子ちゃんタイプ」だと相性がいいなんてことがあります。お互いの長所・短所がうまくかみ合うのがよい相性といえるのです。

タイプが違えば、「私ならああいう考え方はしない」とか、「なんであの人はああなのよ……」などと価値観の違いを感じることがあるかもしれませんが、実際、違う考えの者どうしが夫婦になって、長所・短所をうまく補完している場合が多いのです。

ここから、あなたのタイプに対し、特に気をつけてほしいパパのタイプの組み合わせについて説明します。思い当たる節があれば、改善しましょう。

厳格律儀カミナリオヤジタイプ

あなたが「厳格律儀カミナリオヤジタイプ」なら、パパに対して批判的だったり、多くを求めすぎていたりするかもしれません。

特に、パパが「従順無口いい子ちゃんタイプ」の場合、気づかないうちにあなたに対して恨み辛みを重ねているかもしれませんから注意してください。

パパが「母性優勢二人目ママタイプ」なら、従来の父親と母親の役割が逆転したパターンとして、いいバランスで子育てができるでしょう。

母性優勢二人目ママタイプ

あなたが「母性優勢二人目ママタイプ」である可能性は高いでしょう。だって、ほんとにママなのですから。

だとすれば、どんなタイプのパパに対しても、温かな愛情をもって接してあげられていることでしょう。

一方で、パパを甘やかしすぎてしまっている可能性もあります。**パパは適度にしごいてあげないと性能を上げてはくれません。**心配な気持ちもわかりますが、時にはパパを突き放す勇気も必要です。

冷静沈着コンピュータタイプ

あなたが「冷静沈着コンピュータタイプ」で、パパが「天真爛漫わんぱく坊主タイプ」だと、パパのことを「子どもだなぁ、バカだなぁ」と見下してしまっているかもしれません。

本当にそうなのですから、しかたないのですが、あんまり露骨にしすぎると、家庭の中がギスギスしはじめます。気をつけましょう。

パパが「厳格律儀カミナリオヤジタイプ」だと、夫婦ゲンカになったとき、論理的に追い詰められたパパが「バカヤロー！　理屈じゃないんだ！」なんて言うことがあって困っているかもしれませんね。あんまり追い詰めすぎないように。

パパのタイプにかかわらず、さっさと見切りをつけちゃうのも「冷静沈着コンピュータタイプ」のママの特徴です。

でも、ビジネスパートナーじゃないんだから、ちょっとお荷物だと思っても、上手に二人三脚してあげてほしいものです。

天真爛漫わんぱく坊主タイプ

あなたが「天真爛漫わんぱく坊主タイプ」で、パパが「厳格律儀カミナリオヤジタイプ」だったり「冷静沈着コンピュータタイプ」だったりすると、あなたはつねに批判や評価の視線を感じ、ちょっぴり窮屈な思いを感じていることでしょう。

天真爛漫さはあなたの最大の魅力ではあるのですが、時には周囲への気配りも必要です。

パパがあなたの天真爛漫さを理解し、受け入れてくれているなら、感謝の気持ちを忘れないようにしましょう。

従順無口いい子ちゃんタイプ

あなたが「従順無口いい子ちゃんタイプ」なら、「天真爛漫わんぱく坊主タイプ」のパパのわがままさや、「厳格律儀カミナリオヤジタイプ」の傲慢さに、日々ガマンを重ねているのではないかと心配です。

あなたがあまり感情を表に出さないので、鈍感なパパは「今のままでいいんだ」と信じて疑ってはいないでしょう。

時には、自分の感情や考えを表に出すことも必要です。

＊

ここまで、ママのタイプ別にパパのタイプとの相性を見てきました。

昔から「敵を知り己を知れば百戦危うからず」といいます。

いや別に、パパが敵だってわけではないんですけど、お互いの相性を知ることで余計なストレスが減らせるのであれば、それに越したことはないのです。

第4章

アプリのインストール方法

実務を覚えてもらうには

…覚えさせるのが
一苦労ね。
そう考えると
パソコンとかスマホって
スゴイわよね。

ママの女子力の見せどころ

スイッチが入ったからといって、パパは、いきなり手際よくオムツ替えができるようになったり、上手に離乳食が作れるようになったりするわけではありません。

育児や家事の実務を一つひとつ覚えてもらわなければなりません。

パソコンやスマホにアプリをインストールするようなものだと考えるとわかりやすいでしょう。

得意なことなら、あんまり手取り足取り教えなくても自分でやり方を覚えてくれます。しかし、面倒なことにはなかなか手を出そうとしないのが多くのパパに共通の特徴。

ママとしては、面倒なことこそパパにも覚えてもらいたいわけですから、そこはひと工夫が必要になります。

一般論として、男性は命令されるのが大嫌い。ただでさえ会社で命令ばかりされているのに、さらにおうちでも命令ばかりされたら、「やってらんねぇ！」と思ってしまいます。

だから、パパに何かを依頼するとき、命令口調は厳禁です。

ルールをつくって義務としてやらせるという方法もあるかとは思います。だけど、義務として「やらされている感」があるうちは、いつまでたってもスキルが向上しませんし、そもそも長続きしません。

では、どうしたらパパが自ら進んで面倒なことを引き受けてくれるようになるでしょうか。

「お願いモード」で接してみてください。

お願いモードといっても、「やってください」とへりくだるのではありません。

「やってくれたらうれしいな～」みたいに、どちらかといえば甘え口調で言えばいいのです。

「やってくれたらうれしいな～」と言われてしまえば、パパだってやらないわけにはいかなくなります。しかも、「やらされている感」はありません。

人生において一番大変な妊娠・出産というタイミングこそ、女子力という魔法を使うときです。「そんな力が自分にもあったことすら忘れていた」なんてママも、しばらく温存してきた女子力を今こそ発揮するのです！

昔を思い出してください。パパを手のひらで転がすことなんて朝飯前だったはずです（笑）。

基本はまかせて、ほめて育てる

パパがいざ「やってみよう！」という気になっても、最初のうちはきっと失敗の連続です。そこで、「もう見てられない！　私がやったほうが早い！」となってしまっては、せっかくONになったパパスイッチを再びOFFにしてしまいます。

僕の知り合いにも、せっかく不慣れな育児や家事に挑戦したのに、それをママからダメ出しされたり、バカにされたりしたために、「もうやーめた！」となってしまったパパがたくさんいます。実にもったいない。

だから**最初のうちは、多少の失敗には目をつむり、手を出さず、どんな結果に対しても「ありがとう」を伝えるのが鉄則です。**

また、ママのやり方と違う「オレ流」を認めてあげるようにしてください。

パパだって、自分がママほどには上手にできないことを自覚しつつ、自分なりに工夫しながら不慣れなことに挑戦しているんです。それをダメ出しされたり、バカにされたりしたら、やる気をなくしても当然です。

「違い」を感じたら、「新しい！　そういうやり方もあるのねぇ」とポジティブに指摘してみましょう。

そこで「え、じゃ、キミはいつもどうやってるの？」と食いついてきたら、こっちのものです。そのときに「ママ流」を教えてあげましょう。

そしてできれば、うまくできたところをことさら大げさにほめてあげましょう。特に、「そのワザは私にはできないわ！」などと、オリジナリティをほめると、男性の自尊感情をくすぐり、効果的です。

「お皿洗い、この前よりも随分早くなったね！」などと、上達した部分に焦点を当ててほめてあげるのも「賢いママ」の常套手段です。

基本はまかせて、ほめて育てることです。


「ほめて育てる」って、子育てもパパ育ても同じですね（笑）。

だから、パパを実験台にして「ほめて育てる」技術を磨けば、子育てが楽に感じられるはずです。

「パパ育て上手は、子育て上手」なのです。

「イタ・メン」にご用心！

ほめて育てるのは大切なのですが、そこにあぐらをかいて、いつまでたっても役立たずなどころか、自分では一人前にやってるつもりになっているパパもいます。

よくいるんです。「お風呂はオレ、入れてるよ！」と言うパパ。

でもよくよく聞いてみると、ちょっとイタいんです。「お風呂に入れたつもり」になっているだけだったりするんです。

そんなパパのお風呂の入れ方を再現してみましょう。


まずパパが一人でお風呂に入って、鼻歌なんかを歌いながらゆっくり体を洗います。そして、湯船に浸かってふーっと一息してから、「ママー、いいよー！」なんて合図をすると、ママが丸裸になった赤ちゃんを連れてきてくれる。

赤ちゃんを受け取って、優しく体を洗ってあげて、いっしょに湯船に浸かります。50数えてまた、「ママー、いいよ〜！」です。すると、ママが赤ちゃんを受け取ってくれます。

パパがしているのは、体を洗って、50秒間いっしょに湯船に浸かるだけです。

大変なのは、お風呂の前後のお世話じゃないですか。

それなのに、週3回、湯船にいっしょに浸かるだけで、「オレ、週のだいたい半分はお風呂入れてるよ」なんて言われてしまったら、ママとしてはカチンとくるのも当然でしょう。

普段、自分が家にいないとき、ママが一人でどうやって赤ちゃんをお風呂に入れているのかというところまで想像がおよばないんです。

そういうパパを、「イクメン」ならぬ「イタメン」と呼びます。

育児の実務を覚えさせるには

では、「イタメン」にならないようにパパを育てるにはどうすればいいのでしょうか。

それは、「オムツ替え」や「お風呂」などの各アプリを、「正しく」インストールすることです。

お風呂の例でいえば、ママがやっているように、最初から最後まで、ぜーんぶ自分でできてこそ一人前。それでこそ、「お風呂」という1個のアプリが「正しく」インストールされたことになります。

お風呂以外の育児も同じこと。

ではここで、育児に関する各アプリの正しいインストールの仕方を説明しましょう。

オムツ替えをしてもらおう！

おしっこのオムツの交換なら、どんなパパでも比較的スムーズにクリアできます。しかし、うんちオムツの交換が苦手というパパは多くいます。

うんちへの抵抗感をなくすには、まだ量が少なく、臭くもない新生児のうちに初体験を済ませてもらうのが得策です。

もし、その時期を逃してしまったら、荒療治しかありません。ママがお料理しているときに赤ちゃんがうんちをしてくれたら、それは絶好のチャンスです。「今、料理中だからオムツ取り替えてくれる？」と言われれば、背に腹は代えられず、やってくれるでしょう。

そして、そのあとが大事。お風呂に入るタイミングや、次にオムツを替えるときにおしりをチェックしましょう。**拭き残しがあっても指摘してはいけません**。

逆に、「さっきパパにおしりをキレイキレイしてもらったの！　きれいにやってもらって気持ちよかったねぇ」などと、赤ちゃんとの会話をパパに聞かせて、間接的にパパの活躍をほめましょう。

授乳してもらおう！

直接、母乳をあげることはできませんが、ほ乳瓶があればパパも授乳できます。粉ミルクを利用しているなら、パパにも出番はたくさんありますよね。

母乳で育てている場合でも、たまには母乳をほ乳瓶に入れて、パパに授乳してもらうといいでしょう。早くからパパの授乳に慣れさせておけば、いざママがお出かけしたり、体調を崩したりしたときにも心配が少なくなります。

授乳は、単にミルクを飲ませるだけの行為ではありません。赤ちゃんをしっかり抱き、アイコンタクトをしながら、全身で愛情を伝える行為です。

片手でケータイをいじりながら……なんてパパも多いかもしれませんが、せっかくパパに授乳してもらうなら、ママが母乳をあげるときと同様に、しっかりと抱っこして、目を見ながら授乳するように教えてあげましょう。ママの気持ちを疑似体験してもらうのです。

「赤ちゃんはね、おっぱいを飲むときにじーっとママの顔を見つめるの。生まれたばかりの赤ちゃんは、ほとんど目が見えないんだけど、抱っこされておっぱいを飲んでいるときに、ちょうどママの顔に焦点が合うようになっているんだって。不思議だね」なんてうんちくを披露してもいいでしょう。

あるいは、「あれ、私がおっぱいをあげているときとはちょっと違う表情をしているわ！　なんだか楽しそう！」などと、ウソでもいいので言ってあげると、パパも「えっ、そうなの！」などと言いつつ、まんざらでもない顔をするはずです。

ミルクを飲みながら自分を見つめるけなげな赤ちゃんの視線に気づけば、パパだってケータイをいじるのをやめてくれるでしょう。

お風呂に入れてもらおう！

お風呂で大変なのはいっしょに湯船に浸かることではなくて、オムツを着脱したり、体を拭いてパジャマを着せたり、スキンケアをしてあげたりというお風呂の前後のことですよね。

つまり、浴室の外のことができてはじめて入浴をトータルでできるパパになったといえるのです。

かといって、いきなり最初から最後まで全部パパ一人でやるというのはちょっと無理があります。

最初は、湯船に浸かる役から担当してもらってかまいません。

それに慣れたら今度は、あえてママが湯船に浸かる役を担当し、パパには浴室の外を担当してもらいましょう。

ママが体を洗っている間に、パパが赤ちゃんの衣服を脱がせ、オムツを取ります。赤ちゃんが湯船で温まったら、ママから赤ちゃんを受け取り、手際よく体を拭き、オムツをつけ、パジャマを着せるところまでをパパが担当するんです。

最初は、パジャマやタオルや替えのオムツの用意などという仕込みをママが手伝ってあげてもいいかもしれません。そのうち、それも自分でできるようになってもらいましょう。

お風呂の外のことがちゃんとできるようになったら、今度は全部を一人でやらせてみます。

近くで見ていると、つい口を出したくなってしまうでしょうから、**コンビニまで買い物に出かけるなど、外出しちゃうのがおすすめ**です。「お風呂入れてもらっている間にコンビニに行きたいんだけど、一人でお風呂入れられる？」などと言って家を出ましょう。

その間、パパは半裸で家の中を右往左往しながらも、なんとかやってくれるはずです。帰宅したら、「全部一人でやってくれて、ありがとう。大変だったでしょ」

と労をねぎらってあげてください。

そうしてはじめて、パパはお風呂に入れるという行為の全容を知るのです。

寝かしつけをしてもらおう！

なかなか寝ついてくれない赤ちゃんを、毎晩寝かしつけるのは大変。寝かしつけができるパパって素敵ですよね。逆に、普段の寝かしつけができないと、夜泣きのときの戦力にもなりません。

しかし、赤ちゃんが小さいうちはおっぱいを吸いながらねんね、というパターンも多いでしょうから、なかなかパパにできることがないのも事実。実際、「寝かしつけだけはうまくできない」というパパからの悩み相談を受けることもよくあります。

おっぱいという武器を持たないパパにとってはかなり成功率の低いミッション

ですが、やらないことにはいつまでたってもうまくなりません。

まだ卒乳もできていない段階で、パパに寝かしつけをお願いするときのポイントは、「ダメでもともと」と思うことです。

赤ちゃんが眠くなるギリギリまでパパに相手をしてもらう、というくらいの気持ちがいいでしょう。最後の最後だけ、ママにバトンタッチしておっぱいでだめ押し、みたいな。

極端に言えば、赤ちゃんが眠くなるまでいっしょに遊んでいてくれるだけでもいいのです。

その間、ママはテレビを見ていてもいいし、先にうとうとしていてもいいでしょう。**ママが少しでも楽ができる時間を稼いでくれれば、それでOK**だとしてください。

卒乳し、おっぱいなしでもねんねができるようになれば、パパもママも条件は同じになります。そのころには、パパ一人でも最後まで寝かしつけができるようになるでしょう。

食事の世話をしてもらおう！

離乳食が始まると、一応テーブルに着席して、「あーん」なんてやりながらごはんを食べさせることになりますよね。しかし、これがまた大変！

赤ちゃんは食べることだけに集中できませんから、時間がかかります。はっきり言って、イライラします。

子どもが一人で食事をさくさく食べてくれるようになるのは、早くても小学生になってからです。それまでは毎度の食事が大変です。だからこそ、パパが子どもにごはんを食べさせてくれるとそれだけで助かりますよね。

せっかくパパががんばってくれているのに、「まだ食べ終わらないの！」なんて、横からせかしてはいけません。パパだって当然イライラしてますから、売り言葉に買い言葉、なんてことにもなりかねません。

また、ママからのプレッシャーを感じたパパが、「遊んでないで早く食べなさい！」なんて怒鳴りだし、子どもを泣かせてしまうなんてこともよくあります。「叱責のドミノ倒し」です。それでは、子どもは食事の時間が嫌いになってしまいます。

赤ちゃんがなかなか早く食べてくれないときは、いっそのこと**食卓を「居酒屋スタイル」にしちゃうのがおすすめ**です。

好きなお酒をちびちびやりながら、おつまみをつまみ、ときどき、子どもに「あーん」としてあげるような感覚でのんびりできるといいんです。パパの晩酌に子どもがつき合うみたいな。ママは、ときどきパパの杯にお酒を注いであげればいいんです。

「それじゃ、いつまでたっても食事が終わらない！」と思うかもしれません。

そうなんです。でも、子どもをせかしたところで、ますます雰囲気が悪くなるばかりで、食事の時間が早く終わるわけでは全然ないんです。

また、「先に子どもに食べさせて、夫婦はあとでゆっくりと」なんて考えていると、イライラの原因を増やすことになります。空腹はそれだけでイライラを増幅しますから。

まず大人が満腹になってから、子どもにゆっくりとごはんを食べさせるのがおすすめです。

あやしてもらおう！

楽しく遊んでいるうちはいいのですが、何かの拍子にぐずってしまうと後はお手上げ、ママにバトンタッチ、というパパも結構多いです。

ママからしてみれば、そんな大変なときこそがんばってほしいのに、それではまるで役立たずですよね。

パパが上手にあやすことができるようになるには、パパの努力だけでは足りません。赤ちゃん自身がパパに慣れてくれなければなりません。

そのため本来は、新生児のうちからパパとたくさん触れ合って、パパの匂いや感触に慣れてもらう必要があります。

赤ちゃんがパパに慣れていない場合は、たしかにお手上げです。しかし、そこでパパをリリースしていては、いつまでたっても状況は変わりません。

ギブアップしたパパから、バトンタッチを受け、赤ちゃんを引き受けるようなときは、ママの腕の中で赤ちゃんが落ち着きを取り戻すまで、パパにもその場にいっしょにいてもらいましょう。**赤ちゃんにとって「安心できる風景」の一部として**パパの存在を感じてもらう**のです。

それを繰り返すうちに、パパの腕の中でも落ち着けるようになるはずです。

赤ちゃんと遊んでもらおう!

赤ちゃんは、言葉がわからないからこそ、全身でコミュニケーションをとろうとします。

しかし、「言葉がわからないうちは何もできることがない」と思い込んでしまっているパパは案外多いようです。

赤ちゃんの手を握ってあげたり、顔をのぞき込んであげたりするだけでも赤ちゃんは喜びます。

生まれて数か月もすると、「うーうー」「あーあー」と言葉にならない言葉を発するでしょう。それにあわせて、こちらも「うーうー」「あーあー」とか「うん、うん」「へぇー」などと相づちを打ってあげると、赤ちゃんにもそれが伝わるのか、もっとおしゃべりするようになります。

たったそれだけのことが、赤ちゃんにとっては楽しい遊びであり、有意義な刺激であることを、パパに教えてあげましょう。

そうやって小さなときから赤ちゃんとの絆を深めてきたパパは、寝かしつけもあやすのも上手なことが多いようです。赤ちゃんにとっては、パパも、ママと同じくらい頼りになる存在だと感じられるようになるのです。

谷底に突き落としてバージョンアップ!?

育児系アプリのバージョンを一気にアップできる裏技があります。

パパに子どもを丸1日託してみるのです。

大きく分ければ、2とおりの方法があります。

一つは、ママが1日お出かけして、パパと子どもで「お留守番」するパターンです。勝手知ったるはずのわが家においても、ほ乳瓶をどこにしまえばいいのかわからない、新しいオムツの入った箱がどこにあるのかわからない、お気に入りの絵本がどれなのかわからない……などのプチパニックを経験するはずです。

最初のうちは、1日に何度もママのケータイが鳴るでしょう。「まったく、育児相談ホットラインじゃないんだから!」って感じですけど、許してあげてください。それがパパの実力ということです。

しかし、そうやって修羅場を何度か経験すると、育児系アプリの性能は格段にアップします。

もう一つは、パパと子どもだけで「お出かけ」させるパターンです。まるで「はじめてのおつかい」ですけどね。

ミルクだの、離乳食だの、オムツだのを詰め込んだバッグを持たせて、「いってらっしゃ～い♫」と送り出すのです。

電車の中で泣き出しちゃったり、ファミレスでの食事中にプ～ンとうんちの臭いが漂ったり……、おうちの中では味わえない、これまた数々の修羅場を経験することになります。

そうすると、状況に合わせた柔軟な対応力が鍛えられます。

実際、子どもと二人きりのお留守番やお出かけを初経験して、「日々のママの苦労がはじめてわかった」というパパの声をたくさん聞きます。

そういう状況になってはじめて、パパは自分が本当にすべきことを理解するのです。

誰もが一度は通る道。心配なのはわかりますが、早めに一度経験させちゃうことをおすすめします。

「カジリ・メン」にご用心！

仕事が忙しくて、子どもの寝顔しか見られないというパパも多いでしょう。直接的に育児にかかわれないパパでも、せめて家事には精を出してほしいものです。

家事をするメンズのことを「カジメン（家事メン）」といいますが、それと似て非なる「カジリメン」というのもいます。

本人は一人前に家事をやってるつもりなのですが、実際にはちょっぴり「かじってるだけ」というパパです。

よくある話が、「オレ、ときどき料理はするよ」というやつです。

料理は趣味でもできます。たまの週末に男の料理なんてことを気取り、中華鍋やらパスタ鍋を振り回すのは、ただの趣味です。

家族にとってはちょっとしたイベントとして楽しいことだとは思いますが、基本、河原でのバーベキューと変わりません。そういうのは、料理ではあるかもしれませんが、炊事ではありませんよね。

もうひとつ、よくいるのが「ゴミ出しはしてるよ！」ってパパです。

よくよく聞いてみると、ママが家中のゴミ箱からゴミを回収して、半透明のゴミ袋に束ねて、口を閉じ、玄関先に置いておくところまでやってくれているんです。

でもそれじゃ、ゴミ袋を20ｍ先の集積所まで運んでるだけじゃないですかねぇ。単なる筋トレです。

それでも本人はやってるつもりなんです。困ったもんです。

家事を覚えさせるには

というわけで、今度は家事系アプリを「正しく」インストールして、パパを「カジリメン」ではなくリアル「カジメン」に育てる方法を説明しましょう。

家事なんて、子どもがいようがいまいが、二人で分担するのが当たり前ですから、基本は「これ、やって」と正々堂々とお願いすればいいはずなのですが、うまくいかない場合も多いようです。

そんなとき、「なんでやってくれないのよ！」なんて怒りをぶつけたところで、ますますパパを遠ざけてしまうだけ。
不満を隠し、次のような作戦を講じるのが「できるママ」のしたたかさです。

ゴミ出ししてもらおう！

ゴミ出しは、家事の中でもパパの役割の筆頭にあげられるものです。多くのパパが「ゴミ出しはやっているよ」と言います。

しかし、先ほど述べたように、本当の意味での「ゴミ出し」ではなく、「ゴミ袋運び」に終始してしまっているパパが多いのが事実。

ゴミの日を自分で覚えておいて、ゴミの日の朝には自分で家中のゴミ箱を回ってゴミを回収し、ゴミ袋に詰めて、集積所まで運べるように、パパを育てたいものです。

朝のあわただしいときに、「あっ、今日ゴミの日だった！　ゴミ出して！」とお願いすると、パパもにわかにパニクってしまいますから、できれば前日の夜にでも、「明日はゴミの日だから、リビングと台所と寝室のゴミ箱のゴミをまとめて8時までに集積所に出しておいてくれる？」とお願いするのがいいでしょう。

ただし、それを毎回やるのも骨が折れます。

そこで、次の作戦を試してみてください。

ゴミ出しで特に面倒なのは分別ですね。「いろんな種類のゴミがあって、分別するのって結構大変なのよね。なにかいい方法はないかしら……」と相談してみるのです。

男性は頼りにされ、相談されるのが大好きです。しかも、仕組み化や効率化が大好き。なのできっと、次の週末にはさっそくホームセンターに出かけてシステムゴミ箱を買ったりして、分別しやすい「家庭内ゴミ収集&分別システム」を構築してくれることでしょう。

これでわが家の「ゴミ大臣」任命です。**「ゴミのことならパパにおまかせ」状態にしてしまえばこっちのもんです。**

食器洗いしてもらおう！

「帰るのが深夜になっても、食器洗いはオレがやる！」というパパも結構います。

どんなに遅くなっても、シンクには、ママや子どもが使った食器がちゃんと手つかずの状態で放置されているのです。

それで正解です。

家族3人や4人くらいの食器洗いなら、実際、どうってことはありませんから。

ただし、乾いたごはん粒がちゃんととれていなかったとか、油汚れが落ちきっていなかったとか、細かいミスを指摘されるとパパはやる気をなくします。

そこは目をつむりましょう。

また、もしパパに食器洗いを一任するのであれば、**いつ食器を洗うのかというタイミングもパパにまかせてあげてください。**

食後しばらく、満腹感を満喫してから食器洗いに取りかかろうとすることもあるでしょうし、ヘトヘトに疲れて帰宅して、食器洗いは朝起きてからにしようと思うこともあるかもしれません。

使用済みの食器がいつまでもシンクの中にたまっていると気持ち悪いのもわかりますが、パパの「やる気」も大切にしてあげてください。

炊事してもらおう！

炊事とは、栄養バランスやら、家族の好みやら、お財布事情やら、スーパーの安売り情報やらという複雑な情報を考慮しながら、継続的に、毎日3食、食事を用意することです。

子育て中のママたちが大変だと漏らすのは、料理ではなくて炊事のことなんですよね。

「男の料理」ではなく、家事としての「炊事」をしてもらうためのポイントは「冷蔵庫」です。

「極上のボンゴレパスタを作るぞ！」というところから発想して、あさりやにんにくを買いに出かけるのではなく、「冷蔵庫にあさりとにんにくがあるぞ。じゃ、ボンゴレでも作ってみるか」という発想に切り替えてもらうのです。

そのためには、冷蔵庫の中にどんなものがストックされているか、パパとママの間でつねに情報共有がなされていなければなりません。

効率よく情報共有するためには、**冷蔵庫の中を整理整頓しておくことが大切**です。どこに何が入っているのか、定位置が決まっていれば、たとえばハムがなくなったときにすぐに「ハムがない」と気づいて買い足すことができます。

そこで、仕組みづくりが大好きなパパの特性を利用しましょう。ゴミ出しのときの作戦と同じです。「冷蔵庫の中がどうしてもうまく整理できないんだよね」なんて相談してみるのです。

するとパパは、次の週末に100円ショップで小物を買い込み、冷蔵庫の中をきれいに整理整頓してくれるはずです。

掃除してもらおう！

僕はよく、パパたちに「目指せ！　お料理上手よりお掃除上手」と呼びかけます。

実際、ある雑誌で行った「パパに期待する家事」についてのアンケート結果では、「掃除」がぶっちぎりの1位、「料理」は下のほうでした。

特にパパたちにおすすめするのが、お風呂掃除とトイレ掃除です。

これらは、ママたちが嫌がる家事の筆頭なんですね。そして、どんなに帰りが遅いパパでも、これぐらいならできます。

一番いいのは、**妊娠中にこれらの重労働をパパにまかせちゃう**ことです。おなかが大きいとつらいってことはどんなに鈍感なパパだってわかるはずです。

そして、「つらい役や汚れ役を立派に務めてくれる男の人ってカッコイイ！」と、訳のわからない理屈でおだて、出産後もそのままパパにおまかせできるように仕向けるのです。

妊娠期を逃してしまったのなら、こんな作戦はどうでしょう。

お掃除グッズの買い出し作戦です。

ドラッグストアやホームセンターには、いろんな便利なお掃除グッズが並んでますよね。微生物の力を利用するカビ取り剤だったり、水だけで何でも落とせるスポンジだったり……。そこで「えー、違いがわかんなーい」とか言いながら、パパにグッズを見てもらうのです。

男性は、便利グッズのようなものが並んでいるのを見るのが大好き。そして、それらを理論的に比較検討して、「これが一番だ！」と選ぶのが好きなんです。

そう、グッズ選びからお掃除に興味を持ってもらい、実際にその威力を試してもらうのです。

そしてやはり、「つらい役や汚れ役を立派に務めてくれる男の人ってカッコイイ！」と、訳のわからない理屈でおだてちゃえばいいのです。

整理整頓してもらおう！

子どもがいると、おうちの中にモノがあふれます。どうしてもおうちの中が雑然としがち。

そんなとき、パパが率先して整理整頓してくれたらいいですよね。

これもお掃除と同様、妊娠中のおなかが大きい時期におまかせできちゃえば手っ取り早いんです。でも、その時期を逃してしまったとしたら、こんな作戦を試してみてください。

「家の中が散らかりっぱなしでごめんね。これじゃ落ち着かないよね。でも、片づける時間も体力もなくて……」とちょっぴり申し訳なさそうに弱音を吐いてみるのです。

そこで、「そんな、気にしないで。オレがやるよ」と言ってくれればしめたもの。しかしもし、「別にいいよ」だけで会話が終わってしまう鈍感パパが相手なら、もうひと押し必要です。

「悪いんだけど、アレをこっちにしまってくれる？」と、重めのモノを片づけるようにお願いしてみましょう。弱音を聞かされたあとにお願いされては、どんなにわがままなパパでも断れません。

そしてすかさず、「ありがとう。片づけって意外と体力消耗するのよね。助かるわ」と感謝の気持ちを伝えましょう。

そもそも、何をどこにしまうべきなのか、定位置を知らないパパが多いんです。だから、**具体的に「何をどこにしまうのか」を指示してあげるのがポイント**です。

いちいち指示を出すのは面倒ですけど、だからといって全部自分でやってしまうよりはましでしょう。損して得取れの精神です。

洗濯してもらおう！

子どもがいると洗濯物も増えます。洗濯機を1日に何度も回さなければいけなくなるでしょう。

そうなってしまってから、パパに洗濯物を託すとなると、難易度が格段に上がります。

できるだけ早いうちから「洗濯」アプリをインストールし、徐々に量にも慣れてもらうのが賢い選択です。

洗濯といったって、昔のように洗濯板で洗うわけではありません。今の洗濯機はとっても頭がいいですから、ボタン一つで最適な洗濯モードを選んでくれます。

それなら家事オンチのパパにだってできるはず。でも、大変なのはそこじゃないんですよね。

洗濯物を干して、取り込んで、たたんで、元の場所にしまって……という一連の作業が面倒なわけですから、まずはそここそをパパにやってもらいましょう。

干したり取り込んだりというのはタイミングが重要ですから、「私がオムツを取り替えている間に、洗濯物取り込んでもらえるかな」とか、「私は朝ごはんの支度をするから、その間に洗濯機の中のものを干しといて」などと、**「私は別のことで忙しい」ことをアピールしながらストレートにお願い**できるといいですね。

洗濯物をたたむというのは、つい後回しにされちゃいがちなんですけど、それも「私が食器洗ってる間に、その洗濯物たたんで、洋服ダンスにしまっておいてもらっていい？　二人で手分けすれば早く終わるでしょ。早く終わらせて一杯飲もうよ」などとニンジンをぶら下げてお願いしてみましょう。

「そんなのニンジンにならないわ」なんていうママがいるかもしれませんけど、それって自分の女子力を過小評価しています。

女性から「いっしょに飲みましょう」と誘われて嫌な気がする男性はいません。意外に喜んでがんばってくれるものなので、だまされたと思って試してみてください。

話し相手になってもらおう！

特に専業主婦家庭の場合、日中ママは子どもとしか会話していないということもよくありますよね。

子どもを寝かしつけたあとなどの夫婦水入らずの時間に、そんなママの話を上手に聴いてあげるのもパパの重要な役割です。

しかし残念ながら、たいがいのパパは「聴き方」が上手ではありません。

最初は話を聴いていても、いつの間にかママの話を評価・評論し、もっともらしいアドバイスまでしてくれて、上から目線でドヤ顔しちゃったりするのです。

そうさせないためには、言いたいことを言い終わったら、パパが余計なことを言う前に、先に「ああ、すっきりした。聴いてくれてありがとう」とお礼を述べてしまうことです。

慣れないうちは、パパは「え、これだけでいいの？」とポカンとした表情を浮かべるかもしれませんが、場数を踏むことで「これでいいんだ」とわかるようになります。そうこうするうちに、「聴く」技術が向上します。

ちなみに、ある調査によると、**男性が女性のとめどもない話を聴いていられる最大時間は15分程度**ということでしたから、できれば15分程度に話をまとめられると、お互いに気持ちよく話を終えることができるでしょう。

それでもストレスがたまりすぎちゃうと、話を聴いてもらうだけでは気が収まらず、パパに八つ当たりしちゃうことがあるかもしれません。

第1章でも説明したとおり、「ママの八つ当たりに耐えられない」というのはパパたちの悩みTOP3の一角なのですが、時には「サンドバッグ」になることがパパの重要な任務であることに変わりはありませんからそれでOKです。

パパも、それが八つ当たりだとわかっていて、極力我慢するように努力しています。我慢するための魔法の呪文は「ママはもっと大変だから」。

……なんですけど、やっぱり我慢の限界もあります。

やりすぎちゃったなと思ったら、「ごめん。ワタシちょっと疲れていたみたい」などと素直に謝りましょう。

ルールで縛りつけるのはNG

と、ここまでいろいろなアプリのインストール方法を説明してきました。

一度にたくさんのアプリをインストールしようとしても故障の原因になります

から、1つができたらまた1つというように、ゆっくり時間をかけてインストール作業を行ってください。

そもそもパパにやる気がない場合は、思うようにいかないかもしれません。でも、そこで「もう知らない！」とキレてしまったらそれまでです。そこであきらめないのが「できるママ」。

手のかかる「できの悪い長男」を育てるつもりで、いろいろな作戦を試してみてください。

また、そもそも育児や家事をどのように分担するかという話もあると思います。たとえば共働きで、夫婦で家事も育児もきっちり半分の作業量を分担することがお互いに満足のいく分担方法だという場合もあるでしょう。

逆に、「家のことはいいから、しっかり稼いできなさい！」と妻が夫のおしりを叩くのがベストバランスという家庭もあるでしょう。

そのさじ加減は、時間をかけて調整すべきものです。

分担についてのルールをある程度の大枠で決めておくのはいいと思いますが、かといって何でもかんでもルールでパパを縛りつけるのはおすすめできません。

過度に縛りつけられたパパは、時に暴走したり故障したりすることがあり、結局ママの負担を倍増させることになるからです。


以前、「パパから言われてムカつく言葉」というアンケートの１位が「手伝おうか？」だったという記事を見たことがあります。

なるほど、「手伝う」という言葉には、当事者意識が感じられませんよね。無意識のうちに、あくまでもママが主体者であると考えている姿勢がにじみ出てしまっているわけです。

だからといって、「何、その言い方は！」とパパを追い詰めてもいいことはないでしょう。

「当事者意識のないパパを、さてどう育てるか」と考えるのが、大人なママのやり方なのです。

「私は子どもの世話で大変なんだから、すべきことを自分で見つけてやってほしい」というママの声もよく聞きます。ごもっともです。

しかし、パパが自分の望むように動いてくれていないのだとしたら、いきなり「不満」として伝えるのではなく、**まずは何をどうしてほしいのか、ママの「ニーズ」をハッキリと伝えたほうが、そのあとの話がスムーズになります。**

子育てで大忙しのこの時期を通して、お互いに遠慮なく、「お願い」と「感謝」が伝えられるようになると、長い夫婦生活、何かとうまくいくようになるのではないでしょうか。

第5章

故障かな？と思ったら

暴走、離脱などに対処する

製造元に
クレームを
入れてもなあ…
製造元
お義母さん
お義父さん

エラーメッセージを見逃さないで！

各種アプリのインストールが正しく完了すれば、ひと安心。パパが本当のパパらしくなってきたのではないかと思います。

あとは、ときどき燃料を補給して、メンテナンスしてあげれば、いい状態を保てます。

しかし、燃料やメンテナンスが不足していると、暴走したり、すねたり、やる気をなくしたりすることがあります。

そのまま放置しておくと、致命的な故障にもつながりかねません。

パパが思いどおりの働きをしてくれないとき、それはパパからのエラーメッセージだと思ってください。

パパ自身もよくわかってはいないのですが、何かがうまくいっていない、どこかの歯車がかみ合っていないというエラーメッセージを発しているのです。

だから、「どうしてちゃんとやってくれないの！」とパパを責め立てたい気持ちが湧いてきたときこそ発想を転換してください。

「これは、パパからのエラーメッセージ。どういうメンテナンスをしたら、いい状態に戻ってくれるのか？」と考えるようにしましょう。

前提として、パパの動きが思わしくないとき、最初に疑うべきは燃料か休養か遊びの不足です。

燃料を注入し、ゆっくり休ませ、適度な遊びも与えているのに、それでもうまく動いてくれないという場合は、状況に応じて以下のような方法を試してみてください。

早め早めにメンテナンスをほどこせば、きっとすぐにまた「いい感じ！」に戻りますよ。

Q だんだん消極的になってきている……

A 育児、家事のルーティン化を防ごう！

ついこの間まで育児も家事もバリバリ積極的にこなしてくれていたのに、だんだんやる気が感じられなくなってきたというパターンです。

新しいアプリをいっぱいインストールされて、いろんなことができるようになったパパは、それがうれしくて、しばらくの間はフル回転で働いてくれます。しかししばらくして、仕事がルーティン化してくると、新鮮さが薄れ、だんだんと面白くなくなってしまうのです。熱しやすく冷めやすいのがパパなのです。

熱くなったパパを熱く保つには、仕事をルーティン化しないようにすることです。

たとえば、育児や家事の分担をあまりに明確に切り分けてしまうと、ルーティン化を早めます。

「ここは自分のやるべきところ、そちらはママがやるべきところ」のように、線引きが明確すぎると、お互いのやっていることが見えなくなるのです。そうすると、お互いのがんばりに対する承認・評価・感謝ができなくなってしまいます。

なので、**ときどき役割を入れ替えたり、柔軟に役割分担をする**ほうがいいでしょう。「トイレ掃除ってやっぱり大変ね。いつもありがとうね」とか「あれ、オムツ取り替えておいてくれたの⁉　ありがとう」なんていう会話が生まれやすくなります。

そうなると、相手の喜びそうなことを見つけてもっとやってあげようという気持ちにもなりやすくなり、前向きな気持ちが持続します。パパとしてのレベルもアップすることでしょう。

Q　なんだか落ち込んでるみたいだけど……

A　いたわりのひと言で悪循環をストップ！

考えられる主な原因は、仕事で嫌なことがあったとか、気がかりなことがあるなどでしょう。

そのような状態では、家に帰ってきても前向きな気持ちにはなれず、気持ちがリフレッシュできないので、仕事もますますうまくいかなくなるという悪循環になることがあります。

仕事の問題をママが解決してあげることはできません。だからといって、ママには何もできないというわけでもありません。

弱っているパパの気持ちに寄り添うことで、パパが自力で問題を解決するのを援助してあげることはできるはずです。

まず、「どうしたの？　最近ちょっと疲れているみたいよ」などと**パパの変化に気づいていることを伝えることが大切**です。

それだけで、「何も言っていないのに、オレのつらい気持ちに気づいてくれているのか。なんていい妻なんだ！」と感激し、「こんなことでへこたれている場合じゃない！　オレもがんばらなきゃ！」と奮起してくれることもあります。

もしそこで、「そうなんだよ……」と弱音や泣き言を漏らす場合には、「そうなの、それは大変だったのね」と話を聴いてあげてください。ただ聴いてあげるだけで結構です。

弱音や泣き言といった心の異物を吐き出すと、仕事も育児も家事も、再び前向きに取り組むようになります。

ちなみに、いくらエラーメッセージを発してもママがそれに気づいてくれないとき、パパは飲み屋に寄り道するようになります。飲み屋のママに、弱音や泣き言を聞いてもらうのです。

もしくは、後輩などをつかまえて、酔いにまかせて愚痴や文句を聞かせることも。

「最近、毎晩飲んできて、しかもあんまり楽しそうじゃないなぁ」なんてときは、それこそ深刻なエラーメッセージだと考えてください。

悪循環を止めるのは、ママからのいたわりのひと言なのです。

Q　不機嫌で、言葉もとげとげしい……

A　ママの愛情という燃料補給を！

しかめつらをしているだけでなく、言葉までとげとげしいとなると、これはママに対する明らかなメッセージです。SOSと言っていいかもしれません。

自分の中にあるなんらかの不満に気づいてほしいのです。

昨日の晩のおかずが一品少なかったとか、飲みに行って帰りが遅かったことを必要以上にとがめられたと感じているとか、不満の原因はいろいろ考えられます。

しかし、一番可能性が高いのは、ママからの愛情不足です。

本当はもっとママにかまってもらいたい。だけど、ママは子どもの世話で大変だから「もっとかまって」なんて言えない。そうでなくたって、自分から「もっとかまって」なんて言えない。だけどやっぱり本当はかまってもらいたい……。

そんな気持ちの裏返しで、あからさまにとげとげしい口調や、ぶっきらぼうなものの言い方になってしまうことがあるのです。

挑戦的なとげとげしい口調の人に、面と向かって優しく接するなんて、聖人君子でもない限りなかなかできませんよね。

そんなときは放っておくのも一つの手でしょう。いつまでもツッパっていてもしょうがないと、自ら態度を改めるかもしれません。

しかし、**もし傷ついたパパをいたわる余裕があるのなら、唐突に甘えてみるのもいいでしょう。**甘えたいのは本当はパパのほうなんですけれど、ママのほうから甘えてあげちゃうのです。

この作戦なら、プライドの高いパパでもいちころです。いつの間にか、パパがママに甘えてくるでしょう。

Q ふてくされている感じで、やる気がない……

A 怒られたことを根にもっているのかも

何をするにも投げやりな態度、思春期の男の子のようにふてくされた表情をして、やる気が感じられない場合、もしかして、ママに怒られたことを根にもっているのかも。傷ついちゃったのかもしれません。

胸に手を当てて考えてみましょう。

せっかくパパがオムツを替えてくれたのに、使用済みのオムツの捨て方が悪いと非難したりだとか、せっかく洗濯物をたたんでくれたのに、たたみ方が雑だと文句を言ったりだとか……。「もっとできるパパになってもらうため」と思って言ったことが、思った以上にパパの心を傷つけてしまうことがあります。

それでへそを曲げているのかも⁉

「そんなことで傷つかないでよ」と思うでしょうけれど、パパは意外と繊細なんです。

過ぎてしまったことはどうしようもないですし、今さら「傷ついたんでしょ。ごめんね」なんて言っても、パパのプライドを余計に傷つけますから、今後気をつければいいと思うようにしましょう。

ママたちだって、たとえば会社の上司や姑さんから「これはこうしなさい、ああしなさい」と事細かに指示されたら、すぐにやる気をなくしちゃうでしょう。

誰だって、「自分のやり方でやってごらん」と言われて、初めてやる気がでるってもんですよね。

少々下手なところややり方の違うところには目をつむり、ほめ言葉と感謝の気持ちを忘れないことが、パパを生き生きと活動させるコツなんです。

Q 急に忙しくなったとかで、家に帰ってこなくなった

A 帰ってきたくなる家のムードをつくろう!

本当に仕事が急に忙しくなることはあります。そんなときは、パパだってつらい気持ちでいっぱいです。

家族といっしょに十分な時間を過ごせないという申し訳なさもあるし、自分だ

って家族といっしょにいたいのにいられないという寂しさもあります。

そんなときに、ママから「どうして最近仕事ばっかりなのよ！　ワークライフバランスをしっかり保ちなさいよ」なんて正論を叩きつけられちゃったら、パパはガーンと凹んでしまいます。あんまり責めないであげてください。

しかし、ママだっていつまでもそんな状態では精神的に参ってしまうでしょう。

そんなときは、**見通しを立てることが大切**です。

「最近大変そうね。いつくらいに山を越えられそうなの？」と見通しを聞くのです。いつくらいまでがんばればいいのか、目途が立つだけで、漠然とした不安から解放されるはずです。

そしてできることなら、「じゃ、それまで家のことは私がやるから、お仕事がんばって早く山を越えてね。落ち着いたら、家族で旅行なんかもいいかもね」などと、励ましてあげてください。

応援されれば、期待に応えたくなっちゃうのが男の性。「家族のためにがんばるんだ」という気持ちがますます湧いてくるはずです。

ただ、もうひとつ、気になる可能性があります。

家に帰るのがイヤで、仕事に逃げているということはないでしょうか。

もしそうなら、ママとしてはなおさら面白くないでしょう。でも、そこで怒りをあらわにしてしまっては、ますますパパを家から遠ざけるようなもの。

もしかしたら、育児や家事よりも、ママのそのイライラが怖くて、家を避けているのかもしれません。

実際、「パパの悩み相談横丁」には、「育児ストレスをため込んだママが待っていると思うと、まっすぐ家に帰ることができなくなります」という相談が届くことがよくあるのです。

まっすぐ家に帰れないから、帰宅時間が遅くなり、育児も家事も中途半端になる。そして、ママの育児ストレスがさらにエスカレートする……。完全に悪循環です。

この悪循環を断ち切るためには、ここはひとつ、大人な対応が必要です。

帰りが遅くとも嫌味は言わず、逆に早く帰ってきたときには、「最近、忙しくて大変そうね。家ではくつろいでね」といたわりの言葉でもてなします。

そうやって、早く帰ってきたくなる家のムードを演出するのです。

この際、本心は伴っていなくてもかまいません。

パパが家に帰ってきてくれないことにはどうしようもないのですから、甘い香りで誘いこむことが先決です。

Q　何をしてもどんくさい

A　ママ自身にストレスがたまっているのかも!?

一般的に、誰かに対して「もー、まったくどんくさいわねぇ!」と思うとき、2つの状況が考えられます。本当に相手がどんくさい場合と、自分がせっかちすぎる場合です。たいていの場合、その両方が当てはまります。

ママ自身が少しせっかちになってしまっているときは、もしかしたらママにストレスがたまってしまっているのかもしれません。

子育てライフにストレスはつきものです。ストレスがたまっているときは、周囲に対しても寛容な気持ちではいられなくなります。子どもに対しても、パパに対しても、です。

自分の抱えるストレスに無自覚なまま生活を続けると、気づかないうちに子どもやパパにストレスをお裾分けしてしまうことがあります。

ストレスを受け取った子どもやパパは、問題行動という形でエラーメッセージを発するので、ママにはますますストレスがたまります。

つまり、ストレスをため込んだままにしているということは、自分で自分の首を絞めるようなことなのです。

「最近、ストレスたまってるかも……」と思ったら、自分なりの方法でストレスを解消してみてください。

１日15分でもいいので趣味の時間をつくってみるとか、たまには子どもをパパに預けてお友だちと遊びに行くとか、家族でカラオケなんてのもいいかもしれません。

そして時には、ちょっとのんびり屋さんなパパのペースに合わせてみるというのも悪くはないはずです。

Q　なんだか最近、イライラしているような……

A　ガマン比べ大会をやめよう！

おたくのパパ、もしかして、ガマンをしすぎているのかもしれません。

たとえば、「ママは子育てをがんばって、趣味をガマンしているのだから、オレだって自分の趣味をガマンしなきゃ」なんていうのは、気持ちとしては立派なのですが、ちょっと危険です。

そういう発想になると、夫婦の間でお互いに、「相手もガマンしているのだから、自分もガマンしよう」という不文律ができあがってしまうことがあるからです。

「相手がガマンしているから、自分もガマン」というのは、裏を返せば「相手がガマンをやめたら、自分もガマンをやめてしまう」という発想です。

本当の意味のガマンではありません。無意味な「ガマン比べ大会」のようなものなのです。

人は、自分がガマンしていると思うと、無意識のうちに相手にもガマンを求めるようになります。相手のガマンのほうが少ないと思うと、「ズルい」と感じ、無意識に相手を責める気持ちが芽生えます。

そうして、お互いにどんどんガマンのレベルを引き上げていってしまうのです。

こんな、お互いに首を絞め合っているような窮屈な生活は長続きしません。いつかどこかで、ちょっとしたことがきっかけで爆発し、収拾がつかなくなることがあるのです。

だから、ガマンは禁物です。

先ほど例にあげたように、ママが趣味をガマンしている場合、「ママがガマンしているから、オレも自分の趣味をガマンしよう」という発想をするよりも、「どうやったらママに趣味の時間をつくってあげられるか」と発想してくれるパパのほうが健全です。

たとえば、パパが子どもと二人でお留守番ができるようになれば、ママは趣味のお稽古に行くことができるわけです。

あるいは、ママがおうちで趣味に没頭する間、パパは子どもと二人で遊園地に遊びに行ってもいいかもしれません。

お互いに首を絞め合い、ガマンのレベルを上げていくのではなく、**お互いに相手がやりたいことを実現できるよう努力をすることが大切**なのです。

もしパパがガマンモードになってしまっているときには、「たまには遊びに出かけたら」とか、「心配しないで、趣味を続けてくれていいんだよ」などというひと言をかけてあげてください。

「キミがそんなにがんばっているのに、オレだけ遊びに行くなんてできるわけないじゃないか！」なんて返事が返ってきた場合は、「だってあなたがガマンしている限り、私もガマンを続けなきゃいけないでしょ。あなたが遊びに行ってくれたら、私も遊びに行くから。そのときはこの子の子守り、お願いね」と諭してあげましょう。

はじめは、キョトンとした目で見られるかもしれませんが、次第に「あ、そうか」とわかってくれるはずです。

Q　やる気満々でうっとうしい……

A　好ましい行動はほめ、好ましくない行動はスルー

パパであることに誇りを感じてがんばってくれるのはありがたいのですが、「オレ、やってます！」的なアピールが強く、ママに対して恩着せがましかったり、

育児や家事のおいしいところばかりをやろうとしたりと、ママからすればありがた迷惑に感じるパターンです。

もともと、どんなことにも一生懸命の張り切り屋さんタイプのパパに多いかと思います。やる気になるのはいいのですが、ちょっぴり方向性がずれてしまっているのです。

「調子に乗ってんじゃねーよ！」と言いたくなる気持ちもわかりますが、パパだって悪気があるわけじゃありません。

それに、せっかくのやる気をへし折ってしまうのももったいないところ。**うっとうしいほどのやる気を正しく方向修正してあげてこそ「できるママ」**というものです。

では、どうすればいいでしょう。

まず、好ましくない言動は軽くスルーしてください。ほめてほしそうにしていても、「あっそ」って感じで相手にしないでください。

逆に、好ましい言動には大げさにリアクションしてください。「すごい！」「さすが！」とか、簡単な言葉を満面の笑みで言ってあげれば十分です。

アピール意識の強い人は、つねに、人から評価されるかどうかで行動を選択します。

評価の得られない言動は減る。より大きな評価の得られる言動は強化される。その原理を利用するのです。

しばらくそんなことを続けていくうちに、うっとうしさはある程度おさまるはずです。

Q ママの育児にいちいち口出ししてくる

A 夫婦の育児は違っていいのだとわかってもらう

パパスイッチが入ったとたんに、育児書や育児雑誌を読みあさり、インターネットで最新の情報もチェックして、にわか知識をひけらかしたりするパパもたまにいます。

最初は頼もしいし、うれしいのですけれど、それだけでは終わりません。恐れ多くも、ママがちょっと手を抜いたところを非難したり、ママのやり方を否定したりなんて暴挙（！）にまでおよぶことがあります。

もちろん、ママとしては面白くありませんよね。

でも、そこで「じゃ、自分でやりなさいよ！」とか「ウザい！」などと言い返してしまうと、ガチンコのにらみ合いになってしまいます。

いちいち口を出されて、カチンとくる場合には、「言いたいことはわかったけど、そういう言い方をされると傷つくな」とか、「そうやって否定されるような言い方をされると、自信がなくなっちゃうな」などと、言われたことはいったん受け止めつつ、**「言い方」に焦点を当てて自分の気持ちを伝えましょう。**

「言い方」に焦点が当たっていれば、パパも反論されたとは思わず、指摘を冷静に受け止めることができます。そのうえで、意見の食い違いについて話し合うという大人どうしのコミュニケーションに持ち込めます。

では、二人の意見が完全に食い違うときは、どうしたらいいのでしょうか。

結論から言います。ほっとけばいいんです。

「ママの育児とパパの育児は違ってナンボ」です。お互いに、相手が自分と同じような価値観で、同じように子どもと接してくれることを期待してはいけません。かわりに、それぞれのやり方を認め合えばいいのです。

よく、「子育てに対する夫婦の価値観は揃えておかないと子どもが混乱する」という人もいますけど、本当にそうですかね。疑問です。

どんなに息のピッタリあった夫婦でも、もともと赤の他人だった二人の価値観がぴったり揃うということはあり得ません。

でも、方向性は揃うと思います。「あそこを目指そう」みたいな。

どうやってそこまでたどり着くかについては、それぞれ違う手段を選んだりするものです。

夫婦の間でも価値観の幅があり、短所を補い合えるからこそ、子どもの中に新しい価値観が生まれるんです。

夫婦がまったく同じ価値観をもっていたら、その子は夫婦共通の価値観をそのまま引き継いだ、ただのコピーロボットになってしまいますよね。

要するに、夫婦の考え方や育児の手法が違うことが、子どもの可能性を広げる幅になるのです。

日ごろから、お互いの考え方の違いを認め、「パパとママのやり方は違ってナンボ」という話をしておくと、余計な葛藤は防げるようになるでしょう。

Q

勝手なことをしはじめた

A

危険でないことはやらせておこう！

いわゆるパパの暴走です。
先ほどの、「ママの育児にいちいち口出ししてくる」の逆パターンです。
もうおわかりですね。

「ママの育児とパパの育児は違ってナンボ」ですから、**パパがオレ流育児を始めたとしても、気にせずに好きにやらせてあげてください。**

せっかくママが厳しくしつけているのにパパが甘やかすとか、その反対とか、いろいろあるとは思います。

でも、それでちょうどいいバランスになるのです。

家事についても暴走する可能性は十分にあります。

勝手にキッチンまわりを整理整頓してくれるのはいいのだけど、何がどこにあるのかわからなくなっちゃったり、たまっていく洗濯物をどんどん洗濯してくれるのはいいのだけど、いっしょに洗ってほしくないものまでまとめて洗っちゃったり……、オレ流家事で突っ走っちゃうこともあります。

大変申し訳ないのですが、実害がない限り、大目に見てやってください。

大切なのは、「パパ流vsママ流、どちらに統一する？」の対立構図にしないことです。「どちらのやり方もアリ」と認め合い、いったんまかせたのなら文句は言わないことです。

Q　家にずっといて、稼いでこなくなった

A　仕事でのがんばりも承認・評価・感謝する

子どもができて、パパスイッチが入ると、「仕事やお金なんかよりも、もっと大切なものがある！　子ども命！　家族命！」みたいになることがあります。

本来、仕事と家庭の間を行き来するはずの振り子が、家庭側に振り切れてしまうのです。

しかし、父親としての自分に陶酔するあまり、自分の存在価値を家族のみに依存してしまうのは考えものですよね。家族のみに依存してしまったパパは、家族から見ても魅力的な男性には見えないものです。

長引く不況のせいで、会社の雰囲気が悪くて居心地も悪いのでしょう。かたや、おうちにはやさしい妻とかわいい子どもがいます。ついついおうちから出たくなくなってしまう気持ちはわからなくもありません。

ですが、家族といっしょにいたいからという単なるわがままで、パパが自分で稼ぐべきお金を稼いでこなくなってしまったとしたら大変です。

「ママが稼いで、パパが主夫する」というスタイルはもちろんありです。しかし、そう決めたのでなければ、「家族が安心できるようにしっかり稼ぐ」というのはやはり、パパの重要なミッションの一つです。

パパがそういう意識を忘れないようにするためには、「いつもお仕事がんばってくれてありがとう」と、おうちの外でのがんばりも認めてあげることが大切です。共働きであれば、なおさら「ちょっとぐらいサボっても大丈夫かな〜」なんて、パパも油断しやすくなります。**共働きの場合こそ、働くパパを認めてあげましょう。**

パパ育てを子育てに活かそう

ここまで、パパの暴走、離脱などが起きた場合の対処法を見てきました。「子どもを育てるだけでも大変なのに、どうしてパパのためにここまでしなくちゃいけないのよ！」という非難の声が聞こえてきそうです。ご説ごもっとも。

しかし、手間を惜しんでいつまでも使えないパパを放置しておくよりも、**手間をかけてでも立派なパパに育てるほうが、長い目で見たら、絶対にお得なはず。**

目先の手間にとらわれず、ぜひ長いスパンで考えてみてください。

それだけではありません。

パパを育てるテクニックは、実はそのまま子育てにも応用できるのです。

たとえば、なんらかの不満が心にあるときに、問題行動というエラーメッセージでSOSを発するのは、パパも子どもも同じです。

「どうしてそんなことをするの！」と責めたくなったときに、「どうしたらそんなことをしなくなるだろうか？」と発想を切り替えるテクニックも、そのまま子育てに使えます。

好ましい言動に焦点を当てて強化し、好ましくない言動は軽くスルーするというワザも、子どもへのしつけの理屈と同じです。

妊娠期間中や、子どもが生まれて間もないうちに、パパを上手に育てることができたママは、子育ても上手にできるはずです。

しかも、自分で育てた「使えるパパ」がそばにいてくれるわけですから、きっと物理的にも精神的にも、さらに余裕をもって子育てに取り組めるでしょう。

このように、**パパを育てるということは、一見手間に思えるかもしれませんが、十分に元がとれる投資なのです！**

第6章

日ごろのお手入れ

イクメンの落とし穴とその対処法

…そろそろ
バージョンアップが
必要ね。
かるーく
夫婦ゲンカ
しとくか。

「鬼に金棒」に隠されたワナ

パパの取り扱い方法について、ひととおりの説明が終わりました。

パパはパパで、自分は一人前のパパになったと自信をもち、「ママに負けないくらいにがんばるぞ！」と前向きな気持ちで、育児に家事に、そして仕事に取り組む勢いになっていることでしょう。

自らパパを育て、今や「使えるパパ」、いわゆる「イクメン」を携えたママは、まさに鬼に金棒。子育てライフに怖いものなしです。

が、しかし、最後に知っておいていただきたいことがあります。

男性が育児に積極的にかかわることって、世の中的に大歓迎されているじゃないですか。

- ママの負担が減る
- ママが笑顔になれば子どもも笑顔になる
- 子育て中の女性のライフスタイルに幅ができる

などのメリットがあげられて、一見いいことずくめなんですが、**実は落とし穴も隠されてるってことにみんな気づいていない**んです。

ママとパパは共同経営者

想像してみてください。

あなたは、とある中小企業の創立経営者です。自分の判断力と行動力にはそこそこの自信もあります。これからも会社をなんとかよい方向へ導き、成長させていきたいと思っています。

そこに突然、あなたと同様に会社や社員を愛してくれる副社長が現れました。最初は感激しました。「これで自分の重荷が半減する」と。

しかし、そう思ったのもつかの間。次第に二人の意見が食い違うようになりました。

会社をよりよくしたいという目的は同じなのに、そのためにとる経営戦略が、まるで反対意見だったりするわけです。

あなたと副社長は、次第に険悪な関係になっていきます。口もききたくなくなります……。

ワンマン経営者には、重責を負う大変さのかわりに、自分の好きなようにできる自由があります。しかし、共同経営者が出現することで、そういうわけにはいかなくなるのです。

イクメン夫婦の「皮肉な葛藤」

これと同じことが家庭でも起こるのです。

ママがワンマン経営者状態で子育てしているとき、ママにのしかかる時間的、物理的負担は大変なものです。その一方で、ママの好きなペースで好きなようにできるというメリットはあったはずです。

しかし、ただでさえ凝り性の傾向のある男性が、ひとたび育児に目覚め、育児書を読みあさり、ネットで最新情報をチェックしはじめ、にわか知識で理論武装をすると、かなりやっかいなことになります。

「そこは叱るところじゃないでしょ！」とか、「ママが穏やかな気分じゃないと、子どもを寝かしつけることはできないよ！」とか、ママの子育てにいちいち口出ししもしかねません。

パパが主体的に育児にかかわることで、笑顔になるはずだったママの目はだんだんつり上がり、眉間には深ーいしわが刻み込まれるようになります。

これがイクメン夫婦の皮肉な葛藤です。

「子育てはキミにまかせた」というパパのセリフ。

これを悪く解釈すれば、無責任、放任ですが、良く解釈すれば、「キミの子育てを信頼している」とも受け取れます。

パパのイクメン化に憧れるママがいる一方で、まかされることに憧れる「イクメンの妻」も結構いるということは知っておくといいでしょう。

夫婦ゲンカのゴングが鳴り響く

葛藤が生じても、「パパの故障」ととらえて対応できるうちは、まだだいじょうぶ。

でも、それができないほどにママの心の余裕がなくなっているとしたら、すでにいくつもの葛藤がママの心の中で化学反応を起こし、「葛藤融合」を起こしてしまっている可能性大です。

こうなると、「故障かな!?」なんて穏やかな気持ちではいられません。

もはや、スマートな解決法なんてありません。

このとき、まだパパのほうに余裕があれば、サンドバッグになってママの気持ちを受け止めてくれるはずです。

しかし、パパはパパで仕事が忙しく心に余裕がなくなってくると、サンドバッグの機能を十分に果たせなくなります。

サンドバッグになるどころか、反撃を開始してしまったりします。

そして、夫婦ゲンカのゴングが鳴り響きます。

「上手な夫婦ゲンカの心得」がある⁉

よく「夫婦ゲンカは犬も食わぬ」と言いますが、僕はそれほど悪いものとは思いません。

上手に夫婦ゲンカができる夫婦は、まったく夫婦ゲンカをしないおしどり夫婦よりも幸せなんじゃないかとさえ思います。

ケンカとは、恥じらいもなく、大人げもなく、怒りをあらわにしてでも、自分のことを相手にわかってもらいたいという情熱の証なのですから。

でも、**「上手にケンカをする」**ってところがミソです。

それができない夫婦が多いのです。

上手にケンカする技術がないから、ケンカのたびに余計なエネルギーまで消費して、疲弊するのです。夫婦関係そのものにうんざりしはじめ、ケンカを回避するようになります。

そうなると、ケンカの回数は減るのですが、解決すべき問題は山積みに放置されたままになります。いつかちょっとしたきっかけで火がつくと、取り返しのつかない大爆発を起こすのです。

つまり、**ケンカする意欲すらなくなったとき、夫婦関係崩壊への秒読みが始まる**のです……。

そんなことになったら大変！というわけで、上手に夫婦ゲンカをするための心得を3つ紹介したいと思います。

1　勝とうとしない

そもそも夫婦ゲンカの目的は、相手を叩きのめすことではなく、その先にある相互理解です。

相手のことを嫌いになるためにケンカしているのではなく、自分のことをもっと理解してほしいから、ケンカになっているだけなんです。

それでも、ケンカをしていると、どうしても相手を打ち負かしたくなります。白黒つけたくなる。

でも、よく考えてみてください。夫婦はそもそも運命共同体なんですから、白黒つけたところでどちらも得をしないわけですよ。

ケンカに勝って、一瞬の優越感を感じたところで、後に待っているのはいつ終わるかわからない、沈黙という気まずい仕返しだったりするわけです。

つまり、夫婦ゲンカの第一の極意は「勝とうとしない」です。

2 仲直りまでがケンカ

ケンカをしっぱなしにしてはいけません。**ケンカを始めたら、必ず仲直りすること。**

小学生のとき遠足に行くと、よく校長先生が、「おうちに帰るまでが遠足です」というスピーチをしてくれたと思います。それと同じです。

仲直りするまでが夫婦ゲンカです。

「それが一番難しいんじゃない！」と言いたくなるかもしれませんが、そんなことはありません。

言いたいことを言い合ったら、下手に話をまとめようとせず、ハグでもキスでもして、「意見は違っても、お互いにかけがえのない存在である」ことだけは確かめ合って、はい、仲直りです。

内心はまだムカついている状態でハグだのキスだのするときは、磁石のN極どうしを無理やりくっつけるような気持ちの悪い抵抗感を覚えるでしょう。

そんなときは、無理に心を込める必要はありません。明日の朝ごはんのことでも考えていればいいんです。

それでも不思議なことに、「行動すると、気持ちはあとからついてくる」んです。

これがさっさと仲直りするコツです。

3 無理にまとめようとしない

要するに、夫婦ゲンカを早く終わらせるためには「無理にまとめようとしない」という姿勢が大切です。

ケンカをすると、「じゃ、どこを落としどころにしましょうか」と「ケンカの成果」が欲しくなっちゃいますよね。ポーツマス条約みたいな。

でも、お互いが納得するような結論を、短期間の感情的な言い合いの中で見つけることなんて、そもそもほとんど不可能なのです。

話をまとめようとするから、いつまでたってもケンカが終わらないんです。無理にまとめようとするから、余計に話がこじれるんです。

繰り返しになりますが、ケンカの目的は相手を叩きのめすことではなく、相互理解です。

相互理解とは、相手の価値観に自分を合わせることではありませんし、その逆でもありません。

「相手はこういう価値観に基づいて、こういう思考・判断・行動をしているんだな」という状況を、ただ「知る」ことです。それだけでいいのです。

つまり、**お互いの本音がわかれば、ケンカの目的は達成されたた**ということです。

目的が達成されたら「仲直り」ですよね。

「それじゃ何も解決しないじゃない！」って思うでしょう。

でも、だいじょうぶ。

お互いの本心を共有すると、そこから不思議なことが起こります。

無意識の歩み寄りが始まる

夫婦ゲンカで、お互いの本心・本音とか問題意識みたいなものを共有したわけじゃないですか。

すると、あら不思議。その日から、「無意識の歩み寄り」というのが始まるんです。

たとえば、飲んで深夜12時に帰宅したパパに、「せめて11時くらいには帰ってきてよ！」と詰め寄って、パパはパパで「だって、途中でオレだけ帰るってわけにもいかないだろう！」なんて反論して、ケンカになったとしましょう。

そこで、ありがちなのは「門限を11時にします！」「そんなの無理！」みたいな綱引きや、「じゃあ、間を取って11時30分には帰ってくるっていうルールはどう？」みたいな駆け引きですよね。

でもそれ、しなくていいんです。

先ほど述べたように、まずはお互いの考えていることを説明します。

たとえば、ママのほうはなぜ12時だとダメで11時だと許せるのかというようなことを説明するのです。パパのほうは、どうして遅くなってしまうのかという事情を話すという感じです。

そうやって、それぞれの腹の中をさらけ出して共有します。

それで、ケンカはおしまいにするのです。

すると、数日後、11時45分にダンナが帰ってくるという現象が起こったりします。「ママに言われたから」という「意識」はないんだけど、わざわざ遅く帰ることもないかな、という気持ちに自然となるんですね。

ママのほうも、「この前言うべきことは言ったから、これ以上うるさく言う必要もないかな」と、小言は言わないでおく。

すると、今度はなぜか11時30分に帰ってくるようになる。ママもいつもよりちょっぴりにっこりお迎えする。

そうすると、さらに翌日は11時15分くらいに帰ってきて……。ママも、「ま、これくらいならいいか」なんて思えるようになっていたりして。

……みたいな好循環が起こります。

つまり、**本人でも気づかないうちに、じわりじわりと「いい落としどころ」に向けて、無意識的に歩み寄ることができる**んです。

心理学では、「人間の行動の9割は無意識が決定している」などといいます。「自分にとって大切なあの人が、実はこんな問題意識をもっているんだ」ということが情報としてインプットされると、それをもとにして無意識が勝手に自分の行動を誘導するんですね。

夫婦ゲンカで夫婦が進化

その証拠に、みなさんも「数か月前に激しくケンカして、その後特に何のすり合わせもしていないのだけれど、今さらケンカする気にはならないな。ま、いっか」と思った経験がたくさんあるんじゃないかと思います。

みなさんの無意識が、いつの間にか歩み寄って、問題を小さくしてくれているのです。

「時間が解決してくれる」という表現がありますが、正確には**自分たちの「愛」が「無意識」に働きかけ、時間をかけてゆっくりと歩み寄るように作用する**のです。

本人たちも気づかないうちに「解決」にたどり着いてしまうのです。

これって、夫婦じゃないとなかなかできない究極のコミュニケーションですよね。神秘すら感じます。

みなさんのご夫婦にもこういう機能が必ずありますから、自信をもってください。

「必要な夫婦ゲンカ」を先送りにしても、いいことはありません。**時には、勇気をもって腹の中をさらけ出し合いましょう。**

腹の中をさらけ出し合うといっても、必要以上に相手を傷つけたり叩きのめしたりする必要なんて全然ありません。

問題意識を共有するだけでいいんです。

こうやって、夫婦ゲンカを繰り返し、お互いの腹の内をさらけ出し合い、つねに問題意識を共有することで、夫婦の相互理解や絆が強まり、夫婦関係は進化していくのです。

夫婦ゲンカにもルールが必要

とはいえ、いざケンカが始まるとお互いに冷静さを失うことは避けられません。

せっかくの「上手な夫婦ゲンカの心得」がどこかに吹き飛んでしまい、やっぱり「犬も食わぬ夫婦ゲンカ」に陥ってしまうことも。

そうならないように、夫婦ゲンカという土俵の上でお互いが守るべき最低限のルールは決めておきましょう。

僕がおすすめしているルールは、以下の5か条です。

1 犯人捜しをしない

「だいたいキミがねぇ……」とか「もとはと言えば……」は禁句です。

ケンカって、何か目の前に問題が生じているから起こるんですけど、感情的になると、「そもそもあなたがあんなことをするから……」とか「キミがあんなこと言わなければこんなことには……」とか、責任の押しつけ合いというか、犯人捜しというか、そんな感じになってしまうんですよね。

でも、それでは何も前に進みません。

風邪を引いたときは、その原因を突き止めるよりも、まずはどうやったら治るのかを考えることが大切です。

ケンカにおいても、どうしたら目の前の問題が改善できるのかということに焦点を当てて、意見を出し合うようにしましょう。

2 別の話を持ち出さない

「あのときだって……」も禁句です。

議題がどんどん変わっていって、もともとの問題が置きざりにされ、話がますますこんがらがってしまいます。

「あのときだって……」と言うと、「キミだって、あのとき……」と切り替えされて、墓穴を掘ることも多いですし（笑）。

だいたい、「あのときだって……」というセリフが口を突くときは、相手を打ち負かしてやろうという気持ちが勝ってしまっているときです。

そうなると、ケンカは泥沼化しますから、自制が必要です。

言われたほうも、その反論につき合わないようにしましょう。

3　勝手に土俵を下りない

「もう知らない！　好きにして！」と、勝手に退場しちゃうのは反則です。

よくあるじゃないですか、感情が高まりすぎて、その場にいられなくなり、「バタン！」と戸を閉めて部屋を出て行く、みたいな。

そうすると、残されたほうはものすごい孤独とやり場のない怒りに襲われます。

さらによくないことに、一度そういう別れ方をしてしまうと、次に顔を合わせたときにお互いにどんな顔をしていいのかわからなくて、仲直りのチャンスがますます遠のきます。

土俵を下りるときは、「今日はもうおしまいにしておこうか」というお互いの同意のうえで、にしましょう。

4 堂々巡りを始めたらいったんおしまい

先ほど、「勝手に土俵を下りない」という話をしましたが、「今日はもうおしまいにしておこうか」っていうタイミングを見つけることこそが難しいと感じているかもしれませんね。

でもだいじょうぶ。明確なタイミングの見つけ方があります。

もし、お互いに同じことを繰り返し発言するようになったら、もうそれ以上言うことはない証拠です。「腹の中をさらけ出す」というケンカの目的は達成されたのです。

「おや、その話、さっきも聞いたぞ」と、話が堂々巡りを始めたら、「私は言いたいことは全部言った。あなたは?」「じゃ、今日はここまでにしよう」とお互いの同意のうえでケンカを終えるようにすればいいんです。

「納得したかどうか」ではなく、「言いたいことを全部はき出したかどうか」が夫婦ゲンカを終えるポイントだと考えましょう。

5　あいさつは欠かさない

全然納得はしていなくても、そうやってひとまずケンカを終えたら、あとはいつもどおり「おはよう」「ありがとう」「いってらっしゃい」などのあいさつはしましょう。

これがないと、お互いに無視しているみたいな状態になって、いつまでたっても意地の張り合いになっちゃいますから。

少なくとも、**あいさつをいつもどおりに交わすことで、正常な関係性を取り戻すのが早まります。**

子どもが共通の話題を提供してくれることもあります。余計な意地を張らずに、いつもどおりに会話をするように、お互い約束しておきましょう。

お互いにいろいろ思うところがあっても、しょせん夫婦の形は大同小異。

多少のわだかまりはあったとしても、毎日同じ屋根の下で暮らし、「おはよう」「いってらっしゃい」「ありがとう」が言えていれば、それだけで幸せだと思えばいいのです。

ほかにも、各夫婦で独自のケンカのルールを設けてもいいでしょう。

ただし、あんまり増やしすぎても逆効果です。**男性はたいてい3つ以上のルールを覚えられませんから。**紹介した5つのルールだって、ちょっと多いくらいなんです（苦笑）。

夫婦ゲンカを子どもに見せよう！

昔はよく、「子どもが不安になるから、夫婦ゲンカを子どもに見せてはいけません」などと言われていました。

この「一見正論」の背景には、「ケンカは悪いこと」という暗黙の前提があるように思います。本当にそうでしょうか。

たしかに、「下手なケンカ」なら子どもに見せないほうがいいでしょう。両親がただいがみ合っているのを見ているのは、子どもにとってつらいだけです。

でも、「上手な夫婦ゲンカ」なら見せてもいいのではないかと思います。いや、むしろどんどん見せたほうがいい。

「上手な夫婦ゲンカ」を目の当たりにすることで、子どもは多くの大切なことを学ぶことができるからです。

まず、**上手なケンカの作法、仲直りの技術というお手本を目の当たりにする**ことができますよね。

「ケンカってこうやってするもんなんだ」「ケンカをしても仲直りすればいいんだ」ってことが理屈ではなく、肌感覚で理解できるわけです。

こんなこと、両親以外の誰が教えられますか?

そして、パパとママのやりとりを見て、**子どもは、「人はそれぞれ違う考えを持っていていいんだ。人は違いを認め合い、尊重することだってできるんだ」ということを学ぶはず**です。

人間はぶつかり合い、それでも助け合い、力を合わせて物事に取り組むことができるんだ、ってことを知るのです。

さらに、ものすごい勢いで夫婦ゲンカをしても、その翌日には普通に会話を交わしていたり、むしろ今まで以上にラブラブしていたりというパパとママを見て、子どもたちは「なんか、夫婦っていいな」とか、「男と女が愛し合うってこういうことなんだ」とか、「信頼関係って、いつでも仲良くしていることではなくて、言いたいことを言い合える関係なんだ」とか、ちょっと生意気なことを感じ取ってくれると思います。

そういう経験が豊富なら、少々の夫婦ゲンカを目撃したからといって不安になったりしないでしょう。

むしろ、**人を信頼し、愛し、思い切りぶつかることができる人に育つはず**です。「思いさえあれば必ず伝わる」みたいな強力な信念が植えつけられるはずです。

どれも、健全な人間関係を築く力を養ううえでとても大切な要素です。

パパとママのとっても人間くさい関係を目の当たりにしてきた子どもたちは、将来友だちとちょっとケンカをしたからといって簡単に絶交しちゃうような若者にはならないでしょう。

会社の上司にちょっと怒られたからといって簡単に出社拒否になったりしないと思います。

そして、パパロボットの極みへ

犬も食わないはずの夫婦ゲンカでも、うまくすれば子どもにとっては「いい教科書」になりうるのです。

そして僕は、これこそが、パパがママに子育てをまかせきりにしないこと、つまり「一家に一人イクメンがいること」の究極のメリットだと考えています。

だから、上手にお風呂に入れられたり、お料理ができたりすることも大切ですが、**パパにとってそれ以上に大切なのは、ママと対等に上手にケンカができるようになること**なんじゃないでしょうか。

それでこそ、本当に完成された「自律型パパロボットの極み」と呼べるのだと思います。

いや、そこまでくると、もはや単なる「高性能全自動育児ロボット」の域を超えているはずです。

かけがえのない一生のパートナーとして、一回りも二回りも大きく頼りがいのある存在になっていることと思います。

きっと、「この人と結婚してよかった！」と心から思えるようになっているでしょう。

そして、そんな立派なパパを育てたママたちに、心からの拍手を送ります。

おわりに　情けは人のためならず

パパにとって都合がいいことばかりの一方的なお願いの連続に、最後までおつき合いいただき、本当にありがとうございます。

無理難題の連続だったかと思いますが、それでも最後までお読みくださった、みなさんの忍耐に感服の意を表しますとともに、それほどまでにパパのことを想う愛情に、他人ながらちょっぴりの嫉妬すら感じます。

僕自身、筆を進めるたびに、「子どもの世話だけでも大変なのに、どうしてパパの面倒まで見なければならないのよ！」というママたちの叫びが耳元まで迫ってくるように感じました。

そのたびに、パパ代表として申し訳ない思いでいっぱいになりました。

しかし、最後にあえてあとふたつ、お伝えしたいことがあります。

まず、「子どもの世話だけでも大変なのに、どうして……」というセリフの意味をもう一度考えてみてほしいのです。

そのセリフを口にしている時点で、すでに「子育てはわたしがするもの。わたしはそれだけでいっぱいいっぱいなの！」という思い込みがあるのではないでしょうか。

ママが最初からそういう意識でいたら、パパもなんとなく二番手、補助役に甘んじる意識になってしまいます。それでつい、「手伝おうか」などという当事者意識の希薄な表現を口走っちゃったりするのです。

だから、ママのみなさんには、「わたしは子どもの世話だけでも大変なのに……」なんていう前提を一度脇に置いてもらって、もっとパパと向き合ってみてほしいのです。**「二人でいっしょに、対等に子育てライフを満喫しよう」と思ってほしい**のです。

そのうえで、「面倒なこと」を押しつけ合う意識になるのではなく、お互いにできることはやってあげようという思いやりの気持ちを大切にしてほしいのです。

そうすれば、きっとパパは期待以上の活躍を見せてくれます。

ママだって、そのほうが気分がいいはずです。

「情けは人のためならず」とは、「他人にかけてあげた温情は、必ず自分に返ってくる」ということですよね。

パパにかけた温情も、必ず自分に返ってくるのです。

そしてもう一つわかっていただきたいのは、パパだって、ママのことを理解し、ママのためになることをパパなりの方法でやろうとしているということです。

よかれと思ってしたことをママから否定され、どうしていいのかわからなくなり、「パパの悩み相談横丁」に相談メールを送ってくれるパパもたくさんいます。

たしかにパパは、ママの思いどおりにはなかなか動いてくれません。かといって、ママが思うほど何も考えていないわけではないのです。パパの心の中にも、自分なりの「ママのトリセツ」があるのです。

この本も表現上は、「パパを育てていただく」というスタンスで書いてはいるのですが、**本来ママとパパは、お互いに「育て、育てられる」関係にあるはずです。**しばらくは、めまぐるしく雑事に追われる日々が続くとは思いますが、ときどきそんなことを思い出していただければと思います。

喜怒哀楽が錯綜する子育てライフを通して強めた夫婦の絆は、子育てが終わったあとも、きっと人生の宝物になることでしょう。

最後に、余計なお世話とは知りながら、世界中のママたちが、パパとともに泣いて笑って喧嘩して、愛し合い、始まったばかりなのに結構残り少ない子育てライフを、たくましく歩んでくださることを心よりお祈りいたします。

2012年　父の日に

おおたとしまさ

パパのトリセツ

発行日　2012年8月30日　第1刷

Author　おおたとしまさ

Book Designer　鈴木大輔（ソウルデザイン）
Illustrator　ヨシタケシンスケ

Publication　株式会社ディスカヴァー・トゥエンティワン
〒102-0093　東京都千代田区平河町2-16-1
平河町森タワー11F
TEL　03-3237-8321（代表）
FAX　03-3237-8323
http://www.d21.co.jp

Publisher　干場弓子
Editor　三谷祐一

Marketing Group
Staff　小田孝文　中澤泰宏　片平美恵子　井筒浩　飯田智樹　佐藤昌幸　鈴木隆弘
山中麻吏　古矢薫　伊藤利文　米山健一　原大士　井上慎平　郭迪　蛯原昇　中山大祐
林拓馬　本田千春
Assistant Staff　俵敬子　町田加奈子　丸山香織　小林里美　井澤徳子　橋詰悠子　古後利佳
藤井多穂子　藤井かおり　福岡理恵　葛目美枝子　田口麻弓　佐竹祐哉　松石悠

Operation Group
Staff　吉澤道子　松尾幸政　千葉潤子　鈴木万里絵　福永友紀
Assistant Staff　竹内恵子　熊谷芳美　清水有基栄　小松里絵　川井栄子　伊藤由美

Productive Group
Staff　藤田浩芳　千葉正幸　原典宏　林秀樹　石塚理恵子　石橋和佳　大山聡子　徳瑠里香
堀部直人　田中亜紀　大竹朝子　堂山優子　山﨑あゆみ　伍佳妮　リーナ・バールカート

Digital Communication Group
Staff　小関勝則　谷口奈緒美　中村郁子　西川なつか　松原史与志

DTP & Proofreader　株式会社インターブックス
Printing　凸版印刷株式会社

ISBN978-4-7993-1201-8